中华先烈人物故事汇

钱壮飞

军事科学院解放军党史军史研究中心

学习出版社

中华先烈人物故事汇《钱壮飞》编委会

主　　任：张从田

副主任：陈秋波　　曲宝林　　陈传刚
　　　　余　戈

编　　委：郭　芳　周　鑫　王　冬
　　　　王　雷　李　涛

主　　编：郭　芳

编　　著：郭志刚

目 录
Contents

引 子 / 001

01 走上革命路 / 006

江南才子 / 006

投身革命 / 011

"南飞"避险 / 026

02 深入虎穴 / 028

为生计奔波 / 028

无心插柳 / 031

"三杰"聚首 / 041

特别小组 / 054

智取密码本 / 069

03 建立奇勋 / 075

黎明叛变 / 075

紧急示警 / 083

04 红都岁月 / 102

进入中央苏区 / 102

战斗在军委二局 / 109

首席建筑设计师 / 116

红色戏剧家 / 127

05 永远的长征 / 141

长征的情报保障 / 141

魂断乌江 / 148

06 尾　声 / 152

后　记 / 160

引 子

"我们要消灭敌人，就要有两种战争，一种是公开的战争，一种是隐蔽的战争。"公开的战争与隐蔽的战争，缺一不可。隐蔽战线上的英雄，也是党的钢铁脊梁、人民革命事业的忠诚卫士。钱壮飞与李克农、胡底3位战斗在国民党特务机关的潜伏者，被中共情报工作的创始人和长期的领导者周恩来誉为"龙潭三杰"。

党和人民永远铭记"龙潭三杰"立下的卓越功勋。毛泽东曾感慨地说，李克农、钱壮飞等同志打入国民党徐恩曾那里是立了大功的，如果不是他们，当时上海的党中央和中央许多人，包括周恩来这些同志都不在了。他们的事迹，要让青年同志都知道。1968年，周恩来在一次重要会议上提及钱壮飞。他说1931年中央特科负责人顾顺章被捕叛变，"幸而有钱壮飞同志在中统徐恩曾处得讯最快，所以中央机关才得免破坏"。

钱壮飞是中国共产党在隐蔽战线上的杰出代表、情报奇才，是一位对中国革命有大功的人。

钱壮飞，原名壮秋，亦名钱潮，1896年9月25日生，浙江省湖州市人。1925年参加革命，1926年加入中国共产党。1929年年底，根据中央特科指示，打入国民党中央组织部调查科，即国民党两大特务机构之一"中统"的前身。在极其特殊的工作岗位上，钱壮飞为我党获取了大量情报，为保卫党中央的安全作出了重大贡献。1935年4月1日，中央红军南渡乌江时，钱壮飞牺牲于贵州省金沙县沙土镇后山乡。

钱壮飞少年时期生活在富有人文气息的江南水乡湖州，受到中国传统文化的滋养。1914年秋，考入国立北京医学专门学校。在五四新文化运动的中心，受到新思想新思潮新文化的影响，开始接触并接受马克思主义。1926年，在中共早期党员、张振华弟弟张暹中和妻子张振华介绍下，钱壮飞和好朋友胡底加入中国共产党。

1927年大革命失败后，中共北方区委领导下的各级党组织遭到严重破坏，被迫停止工作。钱壮飞和胡底因党员身份暴露，被北平反动当局通缉。经组织安排，钱壮飞化名"南飞"，胡底化名"北风"，于当年冬天分别南下，转移到上海。

1928年9月，钱壮飞报考国民党建设委员会举办的无线电训练班。经考试录取、培训后，钱壮飞被安排到无线电管理处上海营业处工作。党组织决定，以后钱壮飞不再参加其他方面的活动，而是作为闲棋冷子长期潜伏下来。钱壮飞聪明过人，办事干练，善于交际，很快引起无线电管理处营业科科长、上海营业处主任徐恩曾的注意，被其视为亲信。1929年12月，徐恩曾任国民党中央组织部总务科主任兼调查科代理主任，负责扩建国民党特务系统，力邀钱壮飞担任其机要秘书。

主持中央和中央特科工作的周恩来拍板，同意钱壮飞前往南京。随后，中央特科决定由李克农、胡底与钱壮飞组成3人特别小组，潜伏于国民党秘密特务机关。钱壮飞与李克农、胡底大智大勇，密切配合，为党和红军提供了大量非常有价值的情报。

1931年4月，中共中央政治局候补委员、中央特科负责人之一的顾顺章在武汉被捕，并随即叛变，成为中国共产党历史上最危险的叛徒。他身居高位，又长期从事中共中央的安全保卫工作，知道许多重大机密。一时间党陷入一场前所未有的重大危机之中。顾顺章被捕叛变的消息为钱壮飞获得，他立即向党中央示警，党中央机关和中央领导人得以及时安全转移，使国民党企图将中共中央领导人一网打尽的美梦彻底破灭。

由于身份暴露，钱壮飞根据组织的安排，撤离上海，于1931年夏进入中央苏区。他先后担任中华苏维埃共和国国家政治保卫局部长、中央革命军事委员会（"中革军委"）政治保卫局局长、红一方面军政治保卫局局长、中革军委总司令部第二局副局长等职，为中央苏区的政治保卫工作和情报工作作出重要贡献。

1934年10月，钱壮飞随中央红军长征。长征途中，钱壮飞与局长曾希圣一起，带领军委二局的同志们，一边行军，一边侦察、破译国民党军情报，及时提供给党中央和军委。

1935年4月1日，钱壮飞在贵州金沙县南渡乌江时失散，不幸牺牲，走完短暂而传奇的一生。

01 走上革命路

江南才子

湖州，地处浙江省北部，杭嘉湖平原的西端，北临太湖，南眺天目山、莫干山，离素有"人间天堂"之称的杭州不过 100 公里，是一个山清水秀、人杰地灵的地方，享有"丝绸之府，鱼米之乡，文化之邦"的美誉。秦始皇统一中国时，迁徙越人于此，建乌程县。三国时，吴国置吴兴郡。清朝时设湖州府。民国时改称吴兴县。1949 年 4 月，吴兴解放后，改称湖州市，并设吴兴县。王羲之、谢安、颜真卿、杜牧、苏轼等历史名人都曾当过湖州的父母官。

1896 年 9 月 25 日，湖州城观风巷的钱家降生了一个男孩，乳名彬生，名叫壮秋，亦名钱潮。

这个男孩的出生，对于钱家来说真是天大的喜事。生钱壮飞时，母亲范氏已经 30 岁，在旧中国属于高龄产妇了，钱壮飞又是三代单传，自然而然成了钱家的宝贝疙瘩。

钱壮飞的父亲名叫钱子如，是一位从事丝绸生意的小商人。他经常在湖州城北门新桥塊航船埠头收购生丝，头脑灵活，不辞辛劳，小生意做得风生水起，加上母亲范氏持家有方，给少年的钱壮飞创造了衣食无忧的生活。6 岁时，钱壮飞进入当地一所洋学堂学习，后来又转到官办小学就读。1908 年，钱壮飞顺利考入湖州府中学堂（后改为省立第三中学，即现湖州中学的前身）。

湖州府中学堂，位于湖州城的中心区，是在原爱山书院旧址上兴建的。著名的文学家、中共早期党员沈雁冰（茅盾），还有后来成为国民党"西北王"的胡宗南，都曾在此就读。钱壮飞天资聪颖，又勤奋好学，各门功课成绩优异，深得老师喜爱。

著名的学术大师钱玄同，是钱壮飞的族亲。

1910 年 5 月，钱玄同从日本早稻田大学毕业后回国。回国之初，他曾回原籍湖州，并任教于钱壮飞就读的湖州府中学堂，任代理国文教员。后又在浙江省海宁中学堂、嘉兴府中学堂任教。1911 年夏天，钱玄同又回到家乡，正式在湖州府中学堂及改称的省立第三中学任教，成为钱壮飞的国文老师。

钱玄同在教学中抱着"扫除虏秽，再造山河"的宗旨，非常看重所讲授文章的思想性。他讲了史可法的《答清摄政王书》、黄遵宪的《台湾行》和梁启超的《横渡太平洋长歌》等。钱玄同渊博的学识、深刻的思想、高尚的师德和严谨的教风给学生们留下深刻的印象。由于有族亲和师生的双重关系，钱玄同对于钱壮飞个人成长的影响比一般学生要大得多。

1913 年，钱壮飞的家庭出现重大变故。由于时局动荡，兵荒马乱，钱子如经营的丝绸生意破产，这令他苦闷异常，不久就患了重病，不治身亡，留下母子俩相依为命。

对于传统思想浓厚的母亲范氏来说，急于为钱家独苗钱壮飞娶个媳妇，好赶快抱上孙子，让钱家香火不断，也让觊觎钱家家产的个别族人死心。接受了新式教育的钱壮飞虽心有不甘，但也不想令母亲难过悲伤，只得勉强答应母亲为他安排的终身大事。就在这一年，钱壮飞成家了，新娘是当地一家布店老板的千金，名叫徐双英。1914年，徐双英为钱家产下一女，乳名婉芬，又名钱椒。

无可奈何接受母亲安排旧式婚姻的钱壮飞，与徐双英一直相敬如宾，但他的日子过得并不开心，他不想听天由命，走几百年来普普通通中国人走过的老路，他要听从内心的呼唤，闯出一条新路来。

与封建旧文化势不两立的钱玄同，赞同钱壮飞的选择：走出旧家庭，进一步接受新式教育。1914年8月，钱玄同带着不满一岁的钱三强（后来成为我国著名的核物理学家、"两弹一星"元勋），迁居北京，在北京高等师范学校（现北京师范大学）和北京大学任教。

可能是受到钱玄同北上的影响，钱壮飞也决定到北京深造。这一年的秋天，在钱玄同的引荐和资助下，钱壮飞离开省立第三中学，考上了国立北京医学专门学校（即后来的北京医科大学、现北京大学医学部的前身）。就这样，钱壮飞告别母亲、妻子和刚出生不久的女儿，孤身一人踏上北上求学之路。

从未出过远门的钱壮飞，来到千里之外的北京，对眼前的一切都感到十分新奇。很快，他便喜爱上了这座充满文化气息，又引领时代新思想、新气象的古都。

国立北京医学专门学校成立于1912年10月，位于北京和平门外八角琉璃井胡同。它是中国政府教育部依靠中国自己的力量开办的第一所专门传授西方医学的国立学校。开办医校目的，是要促进社会文化发展，减少人民痛苦，使学生掌握医学本领，培养学生担负起促进文明、用学术与列强竞争的责任。

北京医专重视基础医学，学生的课业非常繁重，开设有德语、化学、生理学、解剖学、组织学、国文伦理等48门课程。医专考试制度极其严格，学生淘汰率很高，最初几届毕业生只占入学者的半数。

钱壮飞十分珍惜在这里学习的机会，如饥似渴地学习医学专业知识和其他各种新知识，打下了较为深厚的医学、文学、美术基础。

投身革命

1915 年 5 月，袁世凯接受卖国的"二十一条"，同年 12 月又演出洪宪复辟的闹剧。1917 年 7 月，张勋在北京发动政变，拥立儿皇帝溥仪。很快，皖系军阀又赶走张勋，段祺瑞重新执政。北京的政坛，风云变幻。

中国人民的出路在哪里？一批具有民主主义革命精神的知识分子站出来，宣传新思想新文化，传播民主、科学的新理念，提出"破除迷信"的口号，号召人们"冲决过去历史之网罗，破坏陈腐学说之囹圄"，来一个"思想的解放"。

新文化运动发端于陈独秀等人在上海创办的《青年杂志》（后改为《新青年》）。1917 年年初，

《新青年》编辑部迁到北京，它与北京大学成为新文化运动的主要阵地。李大钊、鲁迅、胡适、钱玄同、刘半农等参加《新青年》编辑部工作，并充当主要撰稿人。十月革命以后，《新青年》成为五四运动的号角，成为宣传马克思主义、宣传反帝反封建思想的阵地。

北京的《每周评论》《晨报》《京报》等报刊也加入新文化运动的行列。

《新青年》《每周评论》等传进了北京医专，为学生们打开了一片思想新天地。钱壮飞在埋头学习医学新知识的同时，时刻关注着国家的前途和民族的命运，被新文化运动深深吸引，对思想解放、民主科学之类的话题充满浓厚兴趣，对北京政府屈从西方列强以及统治者之间你争我夺，不顾国家和民族命运、不管人民死活的怪现状极其不满。

在北京求学时期，对钱壮飞思想影响最大的还是钱玄同。此时的钱玄同，站在中国社会变革的最前列，是新文化运动的一员猛将，经常为《新青年》杂志撰稿，后来又成为《新青年》的编辑委员。他高扬民主和科学两面大旗，猛烈地向封建伦理、旧道德旧传统开炮，为五四新文化运动作出了重要贡献。

钱玄同与陈独秀、胡适等经常聚在家里讨论时局、探求新知，钱壮飞有时也会在钱家偶遇这些叱咤风云的新文化运动领袖人物，有幸聆听他们的经世济民宏论，打心底里敬佩他们，他的思想也潜移默化地受到了影响。

后来，钱玄同逐渐退回书斋，从思想革命战线的斗士成为闭门研究学术的宁静的学者。钱玄同的思想止步了，钱壮飞的思想却没有止步，他继续追随钱玄同五四新文化运动时期的战友陈独秀、李大钊等人的思想，开始接触和信仰马克思主义。

俄国十月革命以后，李大钊、陈独秀等人积极地宣传十月革命经验和马克思主义。李大钊将《新青年》第六卷第五号编为马克思主义研究专号，并发表《庶民的胜利》《布尔什维主义的胜利》等文章，还帮助北京《晨报》副刊开辟《马克思研究》专栏。1919年五四运动爆发后，李大钊、陈独秀等与新文化运动的战友胡适、钱玄同等在思想上出现分歧，新文化运动的营垒开始出现明显的分化。李大钊发表《秘密外交与强盗世界》，揭穿帝国主义列强的阴谋，指出巴黎和会的分赃性质；发表《我的马克思主义观》《再论问题与主义》等文章，积极宣传马克思主义，批判胡适的改良主义。

北京医专的同学在五四运动的洪流中没有躲在象牙塔中，而是积极响应，走上街头，请愿、游行、罢课、演讲，北京医专学生会会长和另一位同学因此被捕。恰逢毕业季的钱壮飞，十分忙碌，没有冲在运动的最前面，但坚定地与爱国同学站在一起，坚决反对北洋政府的镇压行动。此时的钱壮飞主要精力还集中在学业上，没有成为一位革命者，但在他的心灵深处，已经播下了新思想的种子，懂得了一些救国救民、改变国家民族前途命运的道理。在钱壮飞的心目中，李大钊、陈独秀已经开始取代了对他个人成长有恩的钱玄同，成为他崇拜的思想大家、启蒙导师。

北京医专，是钱壮飞最终走上革命道路、成为一名真正共产党人的重要思想启蒙之地。

在这里，钱壮飞也收获了真正属于自己的爱情。他的女朋友，是他的校友、年长他两岁的张振华。

张振华，出身于安徽省桐城县的名门望族，她的祖上曾出过父子宰相。张家兄弟姐妹很多，姐妹就有 7 个，按女性来排行，张振华是老四，从小她就被左姓亲戚抱去抚养。张振华有个男孩子的名字，性格也倔强，不愿像其他女孩那样裹个小脚，因此她的双脚自然要比当时普遍裹脚的女子大些，故被人称为"左大脚"。

张振华了解到钱壮飞同学生活比较困难后，就主动关心他、资助他。共同的学习生活，使两人产生了难以割舍的恋情。

1919 年 10 月，北京医专举行学校成立 7 周年纪念会和第四次毕业典礼。经过数年寒窗苦读和严格的考试，当年能够顺利毕业的只有男生 20 人、女生 15 人。钱壮飞、张振华是佼佼者和幸运儿，他们顺利地从北京医专毕业。

好事连连。当月，钱壮飞、张振华结为伉俪，有情人终成眷属。

这是两个年轻人自己的决定。此时，钱壮飞远在浙江湖州的母亲和妻子徐双英，对于这桩婚姻并不知晓。直到几年以后，钱母来到北京才知道儿子已经另外娶妻，并生下了一个女儿钱蓁蓁。虽然老人家心中有所不满，但木已成舟，她也没有过多责怪。

在北京待了几年以后，钱母回湖州老家一趟，把徐双英和大女儿钱椒带到北京。在钱母看来，在旧中国，有点身份地位的人有个三妻四妾也很正常，再说孙女钱椒也不能没有爸爸呀。钱壮飞内心中也觉得对不住徐双英，更是十分挂念大女儿钱椒，这回他遵从了母亲的意见，同意把结发妻子和大女儿接到北京，与他一同居住。

一大家子相聚北京，甚是热闹。张振华、徐双英之间开始时虽然感到有些别扭，但慢慢相处，了解彼此为人和脾气秉性之后就好多了，能够相互照顾，以礼相待。

从国立北京医学专门学校毕业后，钱壮飞在长兴街挂牌行医，后来又经人引荐，到京绥铁路局附属医院工作，张振华则供职于北京天坛传染病医院。

由于一大家子人要养活，单单靠钱壮飞、张

振华两人的薪水有些难以为继。于是，钱壮飞又四处找兼职。他到国立美术专科学校讲授人体解剖学，晚上还要给一家小报馆打工，做编辑工作。钱壮飞在北京医专接受过严格的专业训练，对解剖学很熟悉，加上他平时就喜好美术，因此讲起人体解剖学来，既传授人体解剖的科学知识，又符合艺用解剖的要求，很适合美术生的需要。因此，这个文质彬彬、潇洒倜傥、知识渊博的钱先生，很快赢得了美专年轻学子的喜爱。

从北京医专毕业不久，钱壮飞结识了妻子张振华的安徽老乡胡底。当然，他们当时谁也没有想到，他们后来会成为生死与共的亲密战友。

胡底，安徽省舒城县人，1919年从安徽合肥省立第二中学毕业后，于这年秋天考上位于北京的中国大学。远离家乡、孤身一人在北京求学的胡底，常常惦念家乡，想念亲人。承载乡情、位于今北京市西城区后孙公园胡同的安徽会馆，对于当时的胡底来说就是最好的去处之一，在这里可以缓解那浓浓的乡愁。

钱壮飞和张振华、张暹中姐弟俩也时常光顾

安徽会馆。一天，胡底与大学同学吴鹿鸣来到安徽会馆，恰巧遇到钱壮飞，更巧的是浙江人吴鹿鸣跟老乡钱壮飞认识。经吴鹿鸣的介绍，胡底与钱壮飞从此相识。随着交往的增多，胡底与安徽老乡张振华、张逼中和半个安徽人钱壮飞成为挚友。

那时钱壮飞一家住在北京西城平安里13号，那是一座西式的房子，在北京还是属于比较阔气的住所。钱壮飞夫妇属于好客之人，好友胡底成为他家的常客，胡底也经常会给钱壮飞夫妇讲述在学校的见闻。中国大学是孙中山为培养民主革命人才而创建的大学，宋教仁、黄兴担任过校长。胡底在中国大学就读时校长由担任过北洋政府外交部部长、代理过国务总理的王正廷担任。中国大学经常会请一些名家去作演讲，李大钊、蔡元培等就曾多次去过，介绍新知，阐发思想。后来，李大钊、鲁迅等名人还直接在学校兼职任教。1921年12月，李大钊在中国大学作了《由平民政治到工人政治》的演讲。他介绍了民主、无产阶级民主、社会主义、共产主义等概念，以及它们之间的联系与区别，指出共产党人的运动是无产阶级的运动。社会主义运动是创造的进化，共产主义运动是创造的革命。后来他在一次演讲中更是明确提出："欲改良社会，非靠政治力量不可；因为政治的力量，可以改革一切的社会问题。"李大钊在中国大学兼职近 5 年，为中国大学中共党团组织的建立和进步学生的培养做了大量工作。到了 20 世纪 30 年代，中国大学以拥有一批宣传马克思主义、传播革命思想的"红色教授"而闻名。这是后话。

钱壮飞非常愿意接受新鲜事物，特别是胡底转述李大钊的新思想，令他十分着迷。

1923 年 9 月，胡底从中国大学毕业后就干脆搬到钱壮飞家，与他们一家生活在一起。钱、胡之间无话不谈，在思想交流中互相启发，共同提高。

1924 年至 1925 年，在中共北方区委李大钊、赵世炎等人领导下，京城先后掀起反对北洋军阀、声援上海五卅运动的爱国反帝斗争高潮。

张振华的二弟张暹中，当时还是北京中法大学的学生。北京中法大学是 1920 年创办的一所大学，是中国和法国教育合作的一个成果，其创始人和首任校长是北京大学校长蔡元培。中法大学活跃着几个年轻的共产党人：颜昌颐、肖振声、陈毅等。

在学校共产党人影响下，张暹中加入了中国共产党。虽然他年纪不大，但思想活跃、成熟，积极投身反帝爱国运动。张暹中在大学时学校的党支部书记是陈毅，他因参加中国留法学生的爱国运动被武装押送回国，后到北京中法大学学习并加入中国共产党。

尽管目前尚未见到陈毅与钱壮飞、张振华直接交往和思想影响的史料，但作为共产党员和中法大学学生的张暹中，因与钱壮飞、张振华的亲缘关系，日常往来密切，思想交流频繁，对钱壮飞、张振华的思想影响是显而易见的。

大革命的风云激荡，促使钱壮飞、张振华积极投身到革命的浪潮中。1925年，钱壮飞的妻子张振华在弟弟的介绍下，加入中国共产党。第二年，钱壮飞和好朋友胡底经张暹中和张振华介绍，也加入中国共产党。他们不仅是生活中的好朋友，而且成为革命事业上的好战友。

1926年，钱壮飞、胡底与徐光华合伙在北京创办了一家电影公司，名叫光华电影公司。这家小电影公司就设在护国寺附近一个大院里，竖立在大院门口的一面写着"光华"二字的黑色大旗是公司的招牌。

钱壮飞的结发妻子徐双英（后改名徐双瑛），保持着中国传统妇女的美德，一直默默地支持着自己的丈夫，从未有过公开的抱怨。钱壮飞入股光华电影公司的四五百块钱，还是徐双英从老家带过来的。与钱壮飞、张振华长期生活在一起，徐双英的思想也得到提高，还力所能及地参与了一些革命活动。

光华电影公司虽然规模很小，但效率还是很高的，成立当年即拍摄了一部电影，名叫《燕山侠隐》。它是我国早期的黑白武侠片，讲述了这样一个故事：一个顽劣少年在一位奇装侠客的多次救赎下，浪子回头，投身到民族教育事业之中。

在影片中，钱壮飞以"钱西溪"之名出演男主角，夫人张振华、二女儿钱蓁蓁、大儿子钱江及胡底都在影片中担任了角色。不过有意思的是，女儿钱蓁蓁演的是钱壮飞的妹妹，她拉着爸爸的手喊

"哥哥"，喊着喊着就笑场了。

《燕山侠隐》这部影片拍得还是很成功的，据说还曾在日本放映过。现在，我们虽然无缘欣赏到钱壮飞、胡底的处女作，但钱壮飞亲手设计的《燕山侠隐》电影海报有幸保留了下来，被中国电影的诞生地北京大观楼电影院永久珍藏，成为我国现存的最早的一张电影海报。

钱壮飞手绘的这张电影海报虽然构图简单，呈现简单的人物影像和大幅毛笔字，但挺有特点，画面文字红、黑两色，字体多样，并以红色大字醒目推出《燕山侠隐》片名。

钱壮飞、胡底参与开办电影公司，一方面是为了改善生计，另一方面也有便于开展地下工作的考虑。

光华电影公司人来人往，在此开会、研究事情都很正常，不容易引起军警特务的注意和怀疑，可以为地下工作提供很好的掩护。

钱壮飞一家表面上生活阔绰，住房宽敞，家里还有听差的老妈子，他们夫妇出入经常坐的是叮叮当当的包车。钱壮飞交游甚广，平安里13号门前常常是车水马龙，人来人往，有时一起聚餐，有时一起赌钱。

这种表面上的排场，主要是为了便于与上层人物交往，掩护秘密的革命工作。实际上钱壮飞夫妇的收入不算高，加上家庭人口多，生活并不像表面看上去那样富足。后来他们的大儿子钱江回忆说："我们每天吃的却是棒子面和大白菜疙瘩汤。""家里最困难的时候，连我上小学的学费都交不出，我时常是穿着露大拇指的鞋子去上学。为了减轻家庭的拖累，大姐刚满16岁就出嫁了，二姐也很小就改名送到歌舞团去学跳舞。爸爸和家里人的生活一直很艰苦，但为了党的工作，爸爸总是以苦为乐。"

家里一有重要客人来，钱壮飞、张振华总是把孩子们支到门外去，有时还会派大女儿钱椒和二女儿钱蓁蓁到胡同口去，专门让她们盯着看有没有穿灰大褂的人。钱壮飞、张振华告诉孩子们："这种打扮的人是坏人，只要出现在家门口附近，就要马上回家报告。"

那时，钱壮飞、张振华和胡底他们的一项主

要任务，是揭露北洋军阀的黑暗统治，宣传革命主张。他们几个人经常带着传单、标语，到北海公园等热闹的地方去散发。几个人一起写标语、散传单、作宣传，革命友情在共同的革命事业中进一步升华。

1961年8月的一天，张振华向人们谈起了当年在北京从事秘密宣传活动的往事。她回忆说：

"记得有一天，壮飞、胡北风、徐双瑛和我，都穿着很漂亮的衣服到北海公园划船。将船划到湖心，就把卷成小卷的传单拿出来，大家就分头贴到公园的各个地方去了。当时撒传单常常在夜里出去，悄悄放在人家的门缝里。有时被敌人跟踪了，就马上把手里的传单找个地方放下，很快就跑掉了。"

钱壮飞夫妇还利用医生身份作掩护，经常将党的秘密文件装在漆着红十字标志的医用皮箱里，到党的地下机关和联络点"出诊"。

有时组织上安排一些人员接头或者转移，往往需要乔装打扮，而所需的衣服和装饰品，只要开出清单，钱壮飞夫妇总能按时搞来送到，从来没有耽误过。有时他们也会遇到军警特务的怀疑和跟踪，但总能机智应对，化险为夷。

"南飞"避险

1927年蒋介石叛变革命，发动四一二反革命政变，轰轰烈烈的大革命归于失败。一时间，中华大地风雨如晦。原本势不两立的南京国民政府与北洋政府，在根绝"赤祸"方面心照不宣地达成了默契，在北京的奉系军阀张作霖高高举起屠刀，大开杀戒。

4月28日，中国共产党的创始人之一李大钊惨遭杀害。钱壮飞听到这个消息，异常悲愤，更加积极地投入对敌斗争之中。他默默立下誓言："要像李大钊同志那样，生则是鞠躬尽瘁，战斗不息，死则慷慨赴难，从容就义。"

在敌人的严厉镇压下，中共中央北方局及其所属党组织遭到严重破坏，损失很大。钱壮飞不时能听到自己的战友、同志被通缉、被逮捕、被杀害的坏消息。这年夏天，钱壮飞、胡底被北洋军阀当局列入黑名单，予以通缉。

为躲避敌人的搜捕，钱壮飞不得不带着家人东躲西藏，过着极不安定的生活。

1927年11月，根据党组织的决定并在党组织的帮助下，钱壮飞、胡底等人离开北京，分途南下。钱壮飞化名"南飞"，胡底化名"北风"。

这两个化名，取自东汉《古诗十九首·行行重行行》中的诗句："胡马依北风，越鸟巢南枝。"虽然此时的中华大地已是血雨腥风，中国革命处于低潮，但钱壮飞和胡底取这两个富有诗意的化名，从一个侧面表达了中国共产党人的革命乐观主义精神和革命事业必胜信念。

钱壮飞一路历经艰辛，总算平安抵达目的地上海。

离开北京前，钱壮飞就与胡底约定，不管他们谁先到上海，每月逢五都要到上海外滩公园，以便继续保持联系。所以，他们虽然到达上海的时间有先后，但很快就见了面，恢复了联系。

02 深入虎穴

为生计奔波

由于国民党当局的疯狂搜捕、屠杀，上海的党组织同样遭到严重破坏。钱壮飞他们一时接不上组织关系，只好一面寻找党的组织，一面想办法找工作以便安顿和生存下来。

那时的上海号称"东方的巴黎"，是冒险家的天堂，外滩高楼洋房林立，弥漫着一种异国情调，透着一股洋气劲。这是与北京风格截然不同的一座城市，相同的是穷人生活同样艰难。此时的钱壮飞无心比较京沪两座城市的异同，他要尽快谋个差事，找个安身之地。

所幸的是，钱壮飞多才多艺，学过解剖，懂

得医术，擅长书法、绘画，找个临时职业倒也不算是件难事。他写得一手好字，曾在上海公用局谋得一份抄写黄包车牌照的临时差事；因会画画，他曾给一家印染厂画过窗纱、桌布；因懂医术，他在上海当过医生，给人看过病。

但这些都是很不稳定的临时性工作，收入也少得可怜，只够自己糊口。当钱壮飞把一家老小六七口人陆续接到上海后，仅靠他那点儿收入生活变得艰难起来，有时不得不靠亲戚接济一下。那段时间，钱壮飞夫妻俩会经常留意报纸上刊登的招聘广告，千方百计寻找薪水更高一点的工作。

1928 年夏天，钱壮飞和张振华离开上海，北上河南开封。他们此行去开封的目的，是要到冯玉祥的国民革命军第二集团军当军医。从他们二人的学业背景和行医经历来看，是完全能够胜任军医工作的，但现实让他们吃了一记闷棍。

当时的这支部队也与国民党其他部队一样，搞所谓"清党"，被白色恐怖笼罩，军饷也被层层克扣。到开封之前说好每月给他们 80 块钱的薪饷，还允诺给一笔安家费，可是到部队以后原先的允诺全不作数了。秀才遇见兵，有理也说不清。钱壮飞夫妇只得背上行囊，又返回了上海。

还算幸运，回到上海不久，妻子张振华就找到了工作，在一家外国人开的克美产科医院当一名住院医生，收入还算不错，医院就在著名的南京路附近。

这样，他们的生活逐步安定下来，在偌大的上海终于有了固定的居所，法租界甘司东路辣斐德路（今复兴中路）新兴顺里（今嘉善路117弄）4号成为他们的新家。

长得潇洒俊逸的胡底到达上海后，发挥自己在文艺方面的特长，应聘到上海影片公司当演员。后来，胡底又担任过位于上海江湾的昆仑电影制片厂的演员。

在胡底拍摄过的几部武侠片中，最有名气的要数《昆仑大盗》。就是因为这部电影，他被人们誉为"东方范朋克"。范朋克，是美国好莱坞动作片明星，成功塑造了佐罗、罗宾汉等西方侠客形象。范朋克拍摄的电影曾把有"东方巴黎"之称的上海作为重要的摄影地，他本人多次到上海来拍戏，为不少中国人所熟知。

胡底还与大明星殷明珠等合演过《盘丝洞》。胡底扮演的角色是唐僧，把唐僧这个人物演得活灵活现，给观众留下深刻印象。

钱壮飞、胡底在生活上有了着落后，几经周折，他们也终于在 1928 年 8 月与党组织接上了关系。他们都在隶属中共上海法南区委所属的法租界党支部过组织生活，党支部不时会交给他们一些工作。

那时，法商电车工人正在开展罢工斗争，区委书记李富春布置法租界党支部成立一个特别宣传队，专门去散传单，贴标语，支援法商电车工人的斗争。钱壮飞就是特别宣传队的骨干成员。

这项工作对于钱壮飞来说驾轻就熟。在制作、印刷标语和传单过程中，多才多艺的钱壮飞发挥了重要作用，受到同志们的一致称赞。

无心插柳

世间的事有时就是那么奇怪，有心栽花花不

开，无心插柳柳成荫。钱壮飞打入国民党秘密特务机关，可以说是误打误撞来的。可能正是由于是误打误撞，反而显得顺理成章，来得自然，一直没有引起特务头子的怀疑。

与党组织接上关系后，钱壮飞夫妇仍像过去那样留意各种招聘广告，怎么说钱壮飞也得有一个固定的职业，一来家里人口多开销大，仅靠张振华一人的薪水，日子过得还是很拮据，二来从事革命工作也需要有个职业作掩护。

9月的一天，他们俩从报纸上看到一个无线电训练班的招生广告。上面说，只要考试成绩合格即可被录取，经过培训后即可得到稳定的工作。钱壮飞后来才知道，举办这个无线电训练班的是上海无线电办事处，隶属国民政府建设委员会无线电管理处。

无意中看到这个招生广告后，钱壮飞决定前去一试。没想到，钱壮飞凭着自己广博的学识和一手漂亮的毛笔字，以第一名的优异成绩被录取了。

经过训练班3个月的学习，钱壮飞被分配到无线电管理处的下属机构上海营业处，主要从事招揽生意、绘制广告等工作。这个营业处是国民党政府建设委员会官办的对外营业机构，它的主要职能是经营国内国际电报，兼有培养人才、发展无线电事业等任务。它虽然不是国民党的秘密特务机关，但是对于了解和掌握有关情报、培养收发报人才很有价值。中共法租界党支部书记张沈川经请示法南区委书记李富春，决定以后钱壮飞就不再参加印制标语、散发传单等一般性的宣传活动，而是长期潜伏下来，以便今后发挥更大的作用。后来的历史证明，他们的决定还是很有远见的。

钱壮飞起初是为谋生计而报考，没想到从此改变了人生的轨迹，成长为隐蔽战线屡建奇功的英才。

这个无线电训练班的负责人叫徐恩曾。此时他的身份是国民政府建设委员会无线电管理处营业科科长兼上海营业处主任。

徐恩曾，是钱壮飞的同乡，他早年留学美国，学习了电机和工厂管理方面的知识，尤其在无线电技术方面有专长。这让他有了一些资本，但能否施展才华还需要有贵人帮忙。他的贵人是鼎鼎大名的

"二陈"——陈果夫、陈立夫，徐恩曾与他们是远房表兄弟关系。

1927 年 4 月，南京国民政府建立后，筹建中央广播电台的工作提上了议事日程。中央广播电台是由陈果夫倡导和筹划的。陈果夫等较早认识到舆论宣传对于政权巩固的重要性，并试图改变国民党在宣传方面一直不如共产党的局面。1925 年夏天，陈果夫即给尚在广州的蒋介石写信，建议搜罗无线电方面的人才，蒋介石表示赞同。回到广州以后，陈果夫开始尝试办广播电台。虽然最终没有在广州试办成功，但陈果夫并未放弃办广播电台的想法。国民党在南京建立政权以后，陈果夫即又提出筹建中央广播电台的建议，得到蒋介石的首肯。

中央广播电台筹建工作落在了国民政府建设委员会身上。具体由谁来抓呢？陈果夫、陈立夫属意从美国学成归来、时任上海市南市自来水厂工程师的徐恩曾。

二陈向湖州同乡、国民政府建设委员会委员长张静江力荐徐恩曾。徐恩曾顺利就任筹建中央广播电台的 3 名干事之一。

徐恩曾长得像温文尔雅的白面书生，在涉及科技事务方面有其专长。别看他平时见人总是笑容满面，说话轻声细语，实际上他是一个心狠手辣的角色。此时的徐恩曾翅膀还未长硬，没有展露出凶狠的一面，露峥嵘尚需新的平台和时机。

1928年7月，位于南京市丁家桥国民党中央党部后院的中央广播电台如期竣工。陈果夫十分欣赏徐恩曾的才华和能力，提名他担任首任电台主任。

徐恩曾还参与了在上海的中国第一座国际广播电台的筹建工作。

通过筹建中央广播电台，徐恩曾进一步密切了与二陈的关系，为进一步迈入国民党权力圈子作了重要铺垫。

1928年，国民党中央组织部代理部长陈果夫、中央党部秘书长陈立夫，为扩充势力，培植党羽，介绍徐恩曾加入国民党。徐恩曾很快成为中央俱乐部的重要成员。

徐恩曾傍上了二陈，如鱼得水，事情做得风生水起。踌躇满志的徐恩曾知道，要干出一番事业，他身边急需几个既有条件成为心腹又很能干的人才。在徐恩曾看来，钱壮飞就是一个很合意的人选。钱壮飞一表人才，精明能干，非常善于交际，又是他的湖州老乡，具备成为他心腹的基本条件。

此时的钱壮飞，在上海无线电营业处工作时间虽然很短，但很快成为业务能手，办事有板有眼，显示出过人的才华。仍兼着上海无线电营业处主任的徐恩曾，对钱壮飞的业务能力有所耳闻，也因此多了几分关注。

进一步检验钱壮飞能力的机会来了。

1928 年 11 月，国民政府建设委员会委员长张静江回到浙江，重任浙江省政府主席。他是一个比较重视实业的国民党高官，重新主政浙江后，为提倡国货，劝工兴商，通过观摩比较，促进物资的改良，达到实业救国的目的，他决定模仿美国万国博览会的形式，在杭州筹办西湖博览会。这是张静江的大手笔，开了中国博览会的先河。陈立夫作为国民政府建设委员会常务委员兼秘书长，对此项工程也非常积极。

张静江可不是一个寻常人物，他出身于江南

丝商巨贾之家，与孙中山、蒋介石都有非同寻常的关系。作为国民党元老的张静江，积极扶持蒋介石，帮助蒋登上了国民党权力的顶峰。他被蒋介石称为"革命导师"，当过国民党中央政治会议主席，代理过国民政府主席。

为了办好西湖博览会，张静江、陈立夫调集了一批精兵强将，徐恩曾就是其中重要一员。徐恩曾又把钱壮飞从上海带到杭州，任命他为陈列室主任，主持特种陈列所，同时给他在浙江省教育厅挂了一个秘书的职位。

1929年6月6日，西湖博览会正式开馆。西湖博览会设在西湖孤山和里西湖岳坟一带，规模空前，内设革命纪念馆、博物馆、艺术馆、农业馆、教育馆、卫生馆、工业馆、丝绸馆和参考陈列所、特种陈列所共8馆2所，展品多达14.76万件。

其中，特种陈列所展示内容颇丰，有无线电广播音乐和无线电收发报展示，特别是无线电收发报体验吸引了很多观众参与，非常热闹。

钱壮飞曾写了一篇短文，介绍他所主持的特种陈列所概况，刊登于1929年6月《旅行杂志》

第 7 号。这是迄今为止发现的钱壮飞唯一一篇存世文章。

西湖博览会从 6 月 6 日开馆至 10 月 11 日闭幕，参观者多达 1760 余万人。博览会期间杭州城就像过节一般热闹，各界人士络绎不绝，人们饶有兴致地穿梭于各展馆之间。手摇留声机放送的各种歌曲飘荡在西湖上空，与西湖美景相呼应，别有一番风味。

孔祥熙、陈立夫等国民党高官纷纷来到杭州参观博览会，对博览会的成功举办大加赞赏。

8 月 20 日下午，陈立夫参观完博览会后对陪同他参观的徐恩曾说："工商部孔祥熙部长参观完博览会后评价说，西湖博览会虽然从规模上不及巴黎的环球博览会，但还是办得很有特色，可谓别具风味。孔部长的这个评价还是很到位的。今天我走了一下午，觉得收获很大，不虚此行。"

西湖博览会大获成功，徐恩曾不仅风光了一把，而且又积攒了一笔政治资本。还在西湖博览会筹备期间，徐恩曾就被国民政府建设委员会任命为无线电管理处副处长、代理处长。

当然，徐恩曾得到提升，也少不了钱壮飞的好处，他也有了一个新的职位：无线电管理处科员。实际上，钱壮飞继续给徐恩曾当秘书。

说起来，钱徐两个人还真有些缘分：他们都是浙江湖州人，都曾就读于浙江省立第三中学，论起来钱壮飞还是徐恩曾的师哥呢！

通过参与筹办西湖博览会，钱壮飞与徐恩曾这位师弟的关系进一步加深。西湖博览会闭幕后，钱壮飞跟随徐恩曾回到上海，在无线电管理处驻上海的机构工作。

徐恩曾的这位师哥不仅工作卖力，而且还尽心尽力地为师弟办了不少个人私密之事。

徐恩曾是贪财好色之徒，私生活极其糜烂，先后有过3个老婆，还有过多个情妇。有个姓王的情妇没有合适的住所，徐恩曾找到钱壮飞，让他帮忙想想办法。

钱壮飞把这个情况向党支部书记张沈川作了报告。张沈川给他出了个主意："为了搞好与徐恩曾的关系，进一步取得信任，干脆把这个女人安置在你自己家里。"

钱壮飞觉得这个办法可行，就把自己住所二楼的前楼腾出来，让徐恩曾的王姓情妇居住。

由于徐恩曾时常来与情妇幽会，这样一来，实际上有一段时间等于钱壮飞与徐恩曾同在一个屋檐下，两个人走得更近了。在徐恩曾眼中，钱壮飞是他离不开的左膀右臂，亲信中的亲信。

"三杰"聚首

曾任中国人民解放军总参谋部二部副部长、中共中央调查部副部长的熊向晖回忆说："（1949年）7月间的一天，罗青长领我去见周恩来副主席。周副主席非常高兴，说终于在胜利以后见面了。周恩来说，在我们党的情报工作中，李克农、钱壮飞、胡底可以说是'前三杰'。"

1929年11月的一天，"三杰"第一次聚首了。

那一天，在胡底就职的电影公司摄影棚，钱壮飞如约而至。在摄影棚的一个角落，钱壮飞看

到一位穿长衫、戴眼镜、留着小平头的青年已在那里等候了。

胡底边走边介绍说："他就是李泽田同志。"李泽田，就是时任中共沪中区委宣传委员的李克农。"李泽田"是他当时使用的名字。

"这位是钱壮飞同志。"胡底向李克农介绍道。

钱壮飞与李克农两双手紧紧握在了一起，这是他们的第一次握手。

钱壮飞向李克农介绍了自己和无线电管理处及其下属机构的情况。钱壮飞告诉李克农："无线电管理处正准备招聘广播新闻编辑，你可以去报考。"

李克农也认为，这是一个好的机会，可以乘机打入国民党这个重要的官办机构。

"三杰"会面后，李克农将这一情况通过中共沪中区委向中央作了报告。

中共中央很重视钱壮飞在徐恩曾那里取得的地位，于是批准李克农离开沪中区委，作为中央特科成员，争取打入国民党无线电管理处下属机构，以加强党的情报保卫工作。

组织批准以后，李克农开始进行紧张的备考工作。李克农事先从钱壮飞那里了解到，考试科目共3门，一门是三民主义，一门是科学常识，一门是撰写一篇文言文。李克农本来文史功底就非常厚实，理论造诣较深，科学知识渊博，再加上有针对性地备考，最终考试成绩优异，非常顺利地成为无线电管理处在上海工作机构的一位广播新闻编辑。

钱壮飞、胡底从北京到上海之时，正是在周恩来领导下的中国共产党秘密工作建立和发展的重要时期。

1927年8月中共中央紧急会议（八七会议）后，经过一段时间的准备，中共中央机关于9月底至10月上旬，陆续从湖北汉口秘密转移到上海。中共中央的机关大都设在沪中区。云南路447号，天瞻舞台隔壁的生黎医院楼上福兴字庄，实际上就是中共中央政治局开会和办公的地方。从1928年11月到1931年4月，中央政治局会议大多都是在此召开的。不远处的浙江中路112号二楼，是中央军委的联络点。戈登路善庆里的一座小楼和1141弄的一所房屋，是中央领导起草和批阅文件的地方。威海卫路的达生医院，则是党的一个掩护机关。中国共产党的首脑机关，就秘密战斗在国民党军警特务和租界外国警探严密控制下的大上海。

国共之间的斗争你死我活，极其残酷。国民党疯狂地搜捕共产党人，许多党的组织遭到破坏，共产党员惨遭屠杀。

1929年8月，由于中央军委原秘书、叛徒白鑫的出卖，中共中央政治局委员、中央农委书记兼江苏省委军委书记彭湃，中共中央政治局委员、政治局常委、中央军事部部长杨殷，中央军委委员兼江苏省委军委委员颜昌颐，江苏省委军委干部邢士贞，于8月24日在上海新闸路经远里12号（白鑫的家）举行江苏省委军委会议时，被英租界工部局警探逮捕。随后，彭湃、杨殷、颜昌颐、邢士贞被引渡到位于上海龙华的国民党淞沪警备司令部，并于当月30日被杀害。

一下子折损了两名中央政治局领导，对于中共来说打击是巨大的。周恩来在党的机关报《红旗日报》上撰文指出："彭、杨、颜、邢四烈士的牺牲是中国革命、中国党之很大损失。"

中共中央机关要想在大上海生存下来并能自如运转，必须能够准确而及时地掌握敌人的动向。为此，必须建立政治保卫机关，而且必须卓有成效地开展隐蔽战线斗争。

此前，中共并非完全忽视政治保卫工作的重要作用。早在1926年中共中央就着手建立政治保卫机构。是年秋天，受中共中央派遣，顾顺章、陈赓等人前往苏联，学习政治保卫工作和群众武装暴动经验。他们在伯力学习了侦探和审讯，在海参崴学习了暴动和劫狱以及爆破、秘密通信、射击等技术知识。几个月后，他们从苏联学成归国。

此时，国内形势已经发生巨大变化，国共两党已经分裂。先是蒋介石的四一二反革命政变，后有汪精卫的七一五反革命政变，中共几乎遭到灭顶之灾。周恩来认为，从主观上找原因，其中重要的一条，就是因为不掌握敌人的情况，对蒋介石没有丝毫防范，要同强大的敌人斗争必须了解敌人，了解他的军事、政治动向，以及暗害中共的阴谋计划和活动，才能准确、有效地攻击敌人。因此，急需建立起自己的情报组织。军队是"枪杆子"，政治保卫部门是"刀把子"，要一手举枪，一手握刀。周恩来建议，仿照苏联政治保卫部的机构组织中央特科，对付敌人的间谍特务活动，打入敌之内部获取情报，以各种手段制裁叛徒，保卫中央领导的安全。

在周恩来的倡议下，中央特科诞生了。

1927年11月，中共中央决定在中央军委特务工作科的基础上，组建政治保卫机关——中央特科。党中央赋予中央特科主要任务是：获取敌人情报，营救被捕战友，设立秘密交通，惩办叛徒铲除奸细，保卫中央领导和驻沪机关安全。

1928年10月，中共中央又成立了以周恩来为首的三人中央特别委员会，直接领导中央特科工作。另两名委员，是顾顺章和后来成为中共中央总书记的向忠发。

中央特科陆续设立4个科。一科是总务科，负责中央机关的警卫和其他事务，其中一项重要任务是保障中央会议，科长是洪扬生。二科是情报科，负责打入敌探机关，侦获情报，科长是陈赓。

陈赓被国民党称为"经过真正的俄国契卡训练的高材生"，当时化名王庸。有"龙潭三杰"之誉的李克农、钱壮飞、胡底，以及潘汉年、陈养山等情报界的奇才，都曾经是该科的重要成员。三科是行动科，即"红队"，又称"打狗队"，主要任务是武装保护机关安全，惩办叛徒内奸，科长先由顾顺章兼任，后由蔡飞、谭忠余担任。四科是交通科，后改为通讯科，负责筹建秘密无线电通信，科长是李强。

周恩来为中央特科规定了3项任务和一条原则。3项任务就是：打入敌人内部搜集情报、筹款、制裁叛徒，但不允许在党内互相侦察。周恩来还亲自编制了中共第一部密电码，被称为"豪码"。因为周恩来从事革命工作的早期曾用过"伍豪"这个化名。

中央特科成立后，1927年12月，中共中央就曾在《中央通报第二十五号》文件中提出：经过党部决议，可派遣一两个极忠实的同志，到国民党党部以及某种反动机关，做侦探和破坏工作。

经过陈赓等人的努力，中央特科的情报工作

迅速开展起来，在党的各个活动地区建立了秘密工作网点；改变了党在白区的活动方式，建立健全了秘密工作的制度、纪律；同时选派优秀的共产党员打进国民党机要部门，直接从国民党手中获取情报；并在国民党专业的反共领导机关建立了反间谍关系，从而为深入国民党重要情报机关打开了局面。

差不多在同一时期，国民党也在建立和发展情报组织。

蒋介石夺取国民党党、政、军大权之后，深知要巩固自己的地位必须继续打击和镇压中共，同时也需要继续打压国民党内部的其他派系。为此，蒋介石决心建立情报组织，他将党务工作交陈果夫掌管，负责"清党"、反共。

陈果夫对蒋介石的意图心领神会，在主持全国"清党"运动、整理党务过程中，对国民党中央组织部机构进行精简，裁撤部分机构，加强党务调查科等机构。他借整顿之机，调入自己的人马，特别是调其弟陈立夫到组织部，出任党务调查科主任。

原来国民党中央组织部就有一个党务调查科，但那只是一个普通的党务机构，主要工作是收集整理有关党务的各种材料，如党员成分、经历、动态等。陈立夫走马上任后的第一次全科会议就明确调查科的新职责：一是调查党员的思想及各派系隶属，收集党内异己派系的情报；二是收集共产党和其他党派的情报；三是配合军警机关，破坏共产党的组织，逮捕共产党人。

蒋介石认为，党务调查科"成败利钝，关系党国存亡"。他要陈果夫、陈立夫将党务调查科打造成为实行强有力特务统治的机关。蒋介石对党务调查科宠爱有加，真是要人给人，要钱给钱。

有蒋介石的支持，陈立夫就任主任后，党务调查科过去这个既无实权又无油水的机构，姥姥不疼舅舅不爱的主，很快咸鱼翻身，成为炙手可热的强力部门，成为蒋介石排除异己和镇压共产党的得力工具。国民党中央组织部党务调查科，实际上是国民党特务组织的开山鼻祖。

为加强党务调查科的力量，陈立夫网罗自己熟悉的人，其中多半是从美国留学回来的，有学工程科学的，有学社会科学的。这些人有高等教育背景，受过专门训练，加入调查科，的确大大加强了这个机构的力量。陈立夫主持调查科后屡有斩获，破获了共产党的多个秘密机关。后来，陈立夫高升，官拜国民党中央党部秘书长，但调查科的实际控制权仍然掌握在他手中。

西湖博览会结束几个月后，徐恩曾被任命为国民党中央党部秘书处总务科科长。徐恩曾新官上任三把火。他在总务工作中建立起严格有序的文书档案管理制度；发挥其有无线电专业技术的特长，为中央党部安装了电话总机，以方便内外联系；编制了一套难以破译的密电码，使中央党部文电的保密性大为增强。徐恩曾这三把火烧得不错，一下子在中央党部造出了声势。

在中央党部工作不久，徐恩曾了解到神神秘秘的调查科是一条升官发财的捷径，就积极谋求向该科问津。

1929年12月，调查科主任叶秀峰因与陈立夫发生龃龉，于是陈氏兄弟扶植徐恩曾兼任党务调查科代主任，虽然还保留总务科科长之名，但他实际上主要做的是调查科的工作。

徐恩曾高升了，但他对如何发展特务系统心里并没有底，需要网罗一批得力干将。聪明能干又是"自己人"的钱壮飞首先进入徐恩曾的视野。

有一天，徐恩曾找到钱壮飞，把自己调至党务调查科任职的消息告诉他。

"壮飞啊，我这次兼任党务调查科主任，肩负着整顿和扩大调查系统的重任，需要一个信得过的人当助手。愿意跟我去南京发展吗？"

对于徐恩曾的力邀，钱壮飞并没有表现出急不可待、渴求这一职位的样子，他十分淡定地回答说："谢谢你的信任，可我没干过这方面的工作，不知道行不行，你容我再考虑考虑。"此时，钱壮飞内心的真实想法是：一个共产党员跑到专门对付共产党的机关去工作，机会十分难得，但事体重大，个人不便贸然答应，需要上级党组织的批准。另外，如果马上应允，反而会引起徐恩曾的怀疑。钱壮飞的稳重沉着，体现出情报工作者应有的良好素养和心态。

"有什么好考虑的！跟着我干，还能亏待了

你？"徐恩曾话虽这么说，但实际上他对钱壮飞的表态很满意。

"我给你交个底吧，中央党部陈立夫秘书长要我找几个可靠的帮手，着手扩建中央组织部的调查系统。我已经向秘书长举荐由你担任我的机要秘书。我和秘书长对你在无线电管理处的工作非常满意。你在西湖博览会上展露出的才华，给秘书长留下了非常深的印象，觉得你是一个很合适的人选。你考虑一下也好，我就给你3天时间。希望到时你能给我一个满意的答复噢！"徐恩曾说道。

钱壮飞立即联系李克农，要他向中央特委和特科领导汇报这一重要情况。

中央特委在是否同意钱壮飞打入国民党特务机构问题上存在不同意见，一种意见认为应该派遣可靠的同志打进去，在敌人心脏展开斗争，另一种意见则反对进去。主持中央特委工作的周恩来态度非常积极，他坚定地说："在敌人的特务机关里安置我们的内线，对于在白色恐怖下更好地保存自己、打击敌人来说，是非常必要的。钱壮飞打入国民党特务中枢机关，将有利于改变党在白区工作的被动局面，这不正是大家多年来梦寐以求的吗？不要再争论了，就这么定了。把它拿过来，以便为我所用。"

周恩来拍板："告诉钱壮飞，同意他打入国民党中央组织部调查科。"

这一决定被历史证明是英明之举，它成就了隐蔽战线英雄钱壮飞，也避免了中共最高领导机关可能的灭顶之灾。

随着徐恩曾成为国民党特务机关首脑，无意之中跟随他的钱壮飞，非常自然地成为国民党情报机关的重要成员。这为钱壮飞隐藏其共产党员的身份，为党开展隐蔽战线工作起到了很好的保护作用。

特别小组

1929年11月上海电影公司摄影棚的会面，使钱壮飞、胡底、李克农3个人成为好朋友。但是那时他们3个人可能谁也没有想到，不久以后他们之间会结成那么一种密切配合、生死与共的特殊关系，这次会面成为"龙潭三杰"共同战斗的起点。

这年年底，钱壮飞随徐恩曾到南京就职。为了掩护工作，钱壮飞把大女儿钱椒和女婿刘杞夫，以及尚未成年的儿子钱江带到了南京，其他家人则留在了上海。

中央特委同意钱壮飞打入调查科后不久，中央特科批准李克农、钱壮飞、胡底组成中共特别小组，由李克农任组长，并指派中央特科情报科科长陈赓负责与他们联系。从此，李克农、钱壮飞、胡底就活跃在敌特机关心脏，进行着特殊的战斗。

选择潜伏，就是选择牺牲！选择在刀尖上行走，与魔鬼打交道，时刻充满凶险，随时都有暴露的可能，被秘密杀头的危险，需要坚定的信仰信念和一颗强大的心脏。

徐恩曾兼任中央组织部调查科代理主任后，积极扩充调查科人员，并派特务打入国民党自己的军警机关活动。无线电管理处的上海营业处，徐恩

曾对这个他起家的老单位仍然抓住不放，实际上将其发展成了调查科的外围组织。

在调查科代理主任职位上干了一段时间之后，徐恩曾不满足于"代理"了，于是他派手下到原主任叶秀峰处探底，得知叶秀峰已无意再当调查科主任时，便放开了手脚。后来，叶秀峰调任国民党中央政治会议秘书，徐恩曾正式专任调查科主任之职。

徐恩曾指派担任机要秘书的钱壮飞，要他抓紧补充人员，在南京建立秘密指挥机关和秘密电台，同时筹建各地的派出机构。钱壮飞又一次展现出出色才能。

国民党中央组织部调查科机关原在南京丁家桥中央党部院内，位于南京中山东路5号。徐恩曾考虑到中央党部大院内人多嘴杂，不利于开展秘密工作，根据钱壮飞的建议，并征得陈立夫的同意，把机关搬到中山东路中央饭店东边的一幢独立小洋楼内。在这里，钱壮飞协助徐恩曾建立了国民党情报组织的秘密指挥机关。为掩人耳目，挂的招牌是正元实业社。

根据陈立夫的要求，钱壮飞协助徐恩曾建立起以通讯社之名为掩护的半公开的情报机构和秘密电台。最高单位是设在国民党中央党部、后来迁至中央饭店四楼的长江通讯社，由钱壮飞担任该通讯社社长。在南京丹凤街设立长江通讯社的下属单位民智通讯社，开始时也由钱壮飞负责。在上海、汉口、长沙、九江、安庆、青岛、北平、天津等地陆续设立分支机构，各地通过秘密电台随时与南京保持联系。

对于国民党情报工作来说，是徐恩曾首先将无线电技术引入到情报工作中的。无线电技术的引入使情报搜集、交换和上报的效率大为提高。他的这些做法，让原本对他还抱有怀疑态度的陈立夫也刮目相看。这样，徐恩曾在调查科的地位就更加稳固了。

在钱壮飞的帮助下，调查科不仅得到极大充实，而且发展成为国民党指挥全国特务的"大本营"。后来这个调查科发展为调查处，到全面抗日战争初期又扩展为"国民党中央执行委员会调查统计局"（简称"中统局"或"中统"），是与"国民政府军事委员会调查统计局"（简称"军统局"或"军统"）齐名的国民党特务组织。

徐恩曾在《无形的战斗》中是这样评价钱壮飞的："工作勤奋、忠诚、有能力。"

但是，徐恩曾做梦也没有想到，钱壮飞这个他的小老乡，他非常倚重的亲信，竟然是 1926 年即已加入中共的老党员，而且还是中央特科的成员。

没有觉察到中共特科成员已经悄然潜伏到自己身边的徐恩曾，改不了纨绔子弟贪恋美色的本性，整日里花天酒地。有时候，他夹着公文包到办公室转一圈，处理完必须由他亲自处理的事情后就出去鬼混了，日常的许多事务实际都交由钱壮飞打理。许多呈报给徐恩曾的机密文电，首先过目的是钱壮飞；就是需要徐恩曾批阅、回复的文件，一般也是钱壮飞审阅提出意见后他再签个名。这样一来，钱壮飞实际上就几乎掌握了调查科经手的全部机密情报，这就为中央特科人员的渗入和获取国民党机密情报提供了便利条件。

根据钱壮飞的安排，胡底到民智通讯社担任

编辑。胡底英俊潇洒，性格活泼开朗，为人非常豪爽，谈吐诙谐幽默，文笔又极佳，很快就在国民党情报机关赢得了信任，站稳了脚跟。李克农对胡底的评价是："胡底年纪最轻，而文笔才华最高。"

在钱壮飞的协调下，胡底成为民智通讯社的负责人，刚刚从日本早稻田大学留学归来的钱壮飞妻弟张家胧，也被安排到该通讯社工作。

后来，又是根据钱壮飞的建议，徐恩曾派胡底到天津，在张家胧的协助下，参与创办国民党在北方的情报机构，掩护名称是长城新闻社。

经过半个多月的筹备，位于天津日本租界的长城新闻社开张了。

胡底任社长的长城新闻社，表面上是为国民党搜集和传递情报，实则干了不少"私活"，为中共党组织搜集了不少有价值的情报。胡底将这些情报发给在南京的钱壮飞。

钱壮飞把自己搜集的情报，或由胡底处报来的情报，送给在上海的李克农，再由李克农将这些情报经陈赓转报党中央。钱壮飞让自己的女婿、中共党员刘杞夫，经常在南京与上海之间穿梭，充当他与李克农之间情报的传递人。

在上海的李克农，干得风生水起。在上海无线电管理处，李克农以采编广播新闻为掩护，开展情报搜集工作。上海东方旅社有一个李克农长年包下的房间，名义上是为了便于搜集新闻材料，实际上成了钱壮飞从南京向党中央传递情报的一个秘密联络点。

李克农才华出众，思路敏捷，文笔流畅，凡是他经手整理的调查材料，那叫一个干净利落，很得徐恩曾的赏识。

党组织会把一些一般性的宣传材料或已不需要保密的内部文件转交给李克农，然后由他以"缴获共党文件"为名送往南京。徐恩曾看到李克农报上来的这些材料，连声称赞："这个李克农，还真有两下子。"很快，李克农就被提拔为电务股股长。电务股股长这个官位虽然不大，但实际上统管着国民党情报机关在全国各地的无线电报务员，是获取情报的极佳渠道。

国民党统治集团是一个很奇特的存在，内部派系林立，党、政、军、警、宪、特各个系统之间勾心斗角，争权夺利。以李克农为首的中共特别小组巧妙地利用敌人内部的矛盾，掩护自己的秘密工作，有时还借此除掉穷凶极恶的特务。

国民党上海公安局里就有一个反动透顶的侦缉队长，他亲手抓捕过许多共产党人和革命群众。李克农就和钱壮飞商量，想个办法把这个家伙除掉。

妙招出来了。他们先在上海租了一处房子，让地下工作者住进去，还在那里存放几份党内文件和宣传刊物，这些东西实际上是已经被国民党特务机关搜获过的，没有什么情报价值。然后，将这个住处故意透露给那个侦缉队长，让他去搜捕。当那人准备要带人去抓捕时，又通过其他渠道"关照"他先不要仓促行动，要"放长线钓大鱼"。等过些天，那位侦缉队长憋不住去搜捕时，早已人去楼空，只弄回了一些失效的文件。上司听闻此事后，把侦缉队长叫到办公室。

"你是干什么吃的？明知那是共党的一个窝点，为什么不早点动手？"

侦缉队长回答："我原想放长线钓条大鱼，哪曾想让他们给溜走了。"

上司训斥道："你这个笨蛋！还放长线钓大鱼，连个鱼尾巴也没有逮着。"侦缉队长心里窝火，有口难辩，只得自认倒霉。

"是不是你小子故意给共产党一条生路，放走了他们？"他的上司半开玩笑地问道。

"我对党国忠心耿耿，绝不会做出这样的事。我主要还是立功心切，我长点记性，不会再有下次了。"侦缉队长连忙解释。

有了这一次，下一次就不是同样的打法了。钱壮飞得到敌特发现党的机关驻地或秘密联络点消息时，及时向组织报警。侦缉队长这个倒霉蛋，带人去搜捕时，又扑了空。

类似的事情重复一两次后，他的上司这回真是怀疑他了。虽然也没有什么确凿的证据，还是把这位侦缉队长作为"共产党的奸细"秘密处决了。

1930年3月，冯玉祥、阎锡山、李宗仁3个集团组成中华民国军，挑战蒋介石南京中央政府的权威。4月，中华民国军向蒋介石部发起进攻。双方在以陇海铁路为中心，以津浦、平汉铁路为辅翼的中原大地数千里战线上，投入百万大军展开大战。张学良虽已于两年前宣布易帜，归顺南京政府，但对于蒋、冯、阎之间的争夺，陆海空三军副总司令张学良却宣布中立。张学良拥兵几十万，东北军装备精良，暂时中立的张学良成为交战双方争取的对象。

蒋介石急于掌握张学良的态度和东北军的动向，但几次派人到东北，都被在东北的日本人干掉了。蒋介石不死心，于是把调查张学良和东北军的任务交给了徐恩曾的调查科。

徐恩曾知道这个差事不好干，弄不好要掉脑袋。他找到钱壮飞，让他帮自己出个主意，看派谁去合适。

钱壮飞沉默了一下，回答道："老板，我愿意带人去东北一趟。"

"你？"

"是的，我愿意前往。"钱壮飞回答得很肯定。

"那就太好了！为我解忧者，壮飞也！"徐恩曾很是满意。

得到徐恩曾的许可后，钱壮飞立即把自己要

带队到东北调查张学良及东北军动向的消息，通过李克农向陈赓作了汇报。

中央领导同志对此很重视，认为可以借这个难得的机会，名正言顺地搜集国民党的情报，同时也可检查一下中央特科部署在东北、华北的工作，于是决定让陈赓一同前往。

钱壮飞、胡底、陈赓等一行人拿着国民党情报机关特殊的通行证件，花着国民党情报机关的经费，前往沈阳等"调查东北地区军事"。在当地党组织的协助下，他们就便巡视了中央特科部署在东北和华北的工作，同各地的地下工作者接头，带回许多有价值的情报。同时，他们还在东北建立了一套名义上属于国民党、实际上可以向中央特科提供情报的秘密组织。

为了应付国民党，钱壮飞、胡底先与陈赓等到上海，在东方旅馆与李克农一起"闭门造车"。他们找来许多报纸和杂志，把上面刊登的各种相关消息和评论文章，剪刀加糨糊，裁剪编辑一番，再加上东北之行搜集到的一些情况，当然也有自己的分析，写成一份4万多字的调查报告。

虽然属于应付之作，但以"龙潭三杰"和陈赓的学识、眼界和文笔，这份材料写得滴水不漏，分析得头头是道，很有说服力。

沉甸甸的报告摆到徐恩曾的办公桌上，徐恩曾看后连连称好。"壮飞，干得漂亮！"

"为老板排忧解难是壮飞的应尽职责。"钱壮飞的回答让徐恩曾心里很舒坦，对他更增添了几分信任。

调查材料报到陈立夫那里，陈立夫阅后也相当满意。他在呈报给蒋介石时谈了自己的感受："这份材料蛮有价值，蛮有价值。看来对张汉卿的态度，我们不用太担心了。"

1930 年 9 月 18 日，张学良发布拥蒋声明。随后，东北军大军开入山海关，进入关内，使中原战局急转直下，阎锡山、冯玉祥不战而退并致电张学良宣布停战。蒋介石的一次统治危机得以化解。

东北之行，让徐恩曾看到钱壮飞是一个难得的特工奇才，也看到了他"手下人"如李克农、胡底等的能力，从此他们越来越受到徐恩曾的器重，成为徐恩曾身边的红人。

钱壮飞、李克农、胡底有胆有谋，有时把党小组会议开到了国民党调查科的办公室里。李克农回忆说，他们在办公室里商量党的事务，有时还拿出党的文件来传达，甚至过起组织生活。就是调查科的其他人进来，看到文件也不用害怕，他们会说："看嘛！这是刚收缴的共党文件。"不过，哪个人敢去看他们手里拿的文件呢！

身处国民党情报机关，为避免暴露身份，当然要"随波逐流"，一言一行都要有国民党人的做派，像个国民党机关的"干部"。所以，从表面上看，钱壮飞、李克农穿着考究，不是西装革履，就是长袍马褂，戴的是高档眼镜，抽烟要抽"大炮台"。胡底也与钱壮飞他们差不多，只是不戴眼镜，但手指上明晃晃的大金戒指同样不能少。为了迷惑敌人，他们有时要出入跑马厅、歌舞厅和赌场，有时要摆摆官架子。

调查科在上海的特务都知道，李克农李大股长的脾气不好，经常摆官架子，动不动就发火，饭菜都要让用人做好了送到他办公室，有时嫌饭菜不合口，还要用人拿回去重做或是到街上给他买。

摆谱，实际上都是做给特务们看的，战斗在敌营真要有演员的本事。

李克农有时对用人发火，实际这个用人就是李克农的地下交通员，有时在表面的训骂之中，情报就神不知鬼不觉地传递了出去。

有一次，李克农掏出钱来让用人去饭馆买饭，钞票里夹带的就是一份重要情报。中共六届三中全会准备在上海秘密召开，但这个消息被南京特务总部侦悉，已经密令上海方面军警宪特联合行动，欲将与会的中共首脑一锅端。受到一顿训斥的用人知道有重要情报，出门到僻静处打开卷成一团的钞票，上写4个字：会不能开！这一重要情报上报后，中共中央决定会议延期举行，会议地点也做了更换，从而粉碎了国民党的一次重大围捕行动。

从表面上看，钱壮飞和李克农、胡底等地下工作者经常出入酒店、舞厅等高档场所，美酒加咖啡，十分潇洒，但实际上他们要面对双重考验，一是要在灯红酒绿间保持共产党人的本色，出淤泥而不染；二是要小心谨慎地应对各种潜藏的杀机和风险，要有一颗强大的心脏，因为稍有差池就可能掉脑袋。

有些过去走得很近的朋友，因为不明真相，对他们"投靠了国民党，摆起了阔架子"感到不解，对他们的态度也发生改变，常常冷眼相对，或私下里责骂。遇到这种情况，他们也只能忍辱负重，不能作任何解释。

有时，钱壮飞在私下里会对李克农诉诉苦衷和委屈，李克农安慰他："周恩来同志要求我们顾全大局，任劳任怨，有苦不说，有气不叫。搞咱们这一行，就要能经受委屈。"

李克农这样说，实际上他也是在告诫和安慰自己。

智取密码本

虽然钱壮飞得到了徐恩曾的充分信任，有什么大事、难事他总是找这个老乡商量，但他有一样东西却总是随身携带，连钱壮飞都没有过过手，那就是国民党高级机关之间互通情报的绝密密码本。因为根据蒋介石和陈立夫的指令，这个密码本只能由他亲自保管和使用。

怎么才能搞到这个密码本呢？硬来肯定不行，只能智取。为此，钱壮飞动了一番心思。最后，他决定还是从强调保密的角度入手。

有一天，钱壮飞向徐恩曾汇报完工作，谈起调查科里的文件保密问题。

徐恩曾觉得这个问题很重要。"壮飞啊，你讲的问题非常重要，科里的各种文件都要归档保存好，不能遗失，把秘密泄露出去。"

钱壮飞接着徐恩曾的话，讲了讲具体措施，徐恩曾表示他都赞成，"这个事情，就劳烦你多操心了"。

钱壮飞点头称："是！"然后，他有一搭没一搭地提醒徐恩曾，"主任，您随身带着密码本，好像也不太安全呀！"

"壮飞，你不觉得这样很保险吗？放在我身上时刻不会离开我的视线。"

"由您亲自保管，当然最安全了。可不怕一万就怕万一，要是在外面不小心弄丢了，可就惹大麻烦了！"钱壮飞提醒道。

徐恩曾沉默了一会儿，没有再接这个话题。

第二天，徐恩曾找到钱壮飞。"壮飞啊，你提醒得对。我整天带着密码本外出，就像随身揣着一个定时炸弹，搞不好要出大事的。还是把它存放在机要保密柜里，这样更安全。"

因为徐恩曾经常会出去找女人鬼混，听了钱壮飞的话，他想来想去，感到有些后怕，真要是丢了可不得了，过去没有出事是侥幸。

密码本存放在机要保密柜就好办了。作为徐恩曾机要秘书的钱壮飞，偷偷把密码本取出来，用照相机拍下来。有了这个密码本，钱壮飞就可以掌握到国民党内部更多更核心的机密了。

经过钱壮飞、李克农、胡底3人特别小组的艰苦努力和卓有成效的工作，实际上中共已在某种程度上掌控着国民党中央组织部调查科这个情报机构，并通过这个调查科延伸扩展，掌握着国民党其他秘密机关的重要情报。那时，中共中央、中央军委机关就在上海，就活跃在国民党的眼皮底下，领导着全国的革命斗争，指导着各地红军和各根据地建设，敌人千方百计想要破获，都以失败告终。3人特别小组居功至伟。

1930年5月中旬，全国红军代表会议在上海召开。

9月下旬，中共六届三中全会在上海召开。

9月30日，中央军委扩大会议在上海召开。

这些重要会议能够在国民党军警宪特和上海工部局巡捕房侦探的严密监控之下顺利召开，有方方面面的努力，其中"龙潭三杰"功不可没，是他们时刻警惕地监视着敌人的一举一动，时刻准备着向中央发出预警。

在中原大战鏖战正酣之时，蒋介石仍念念不忘"剿灭"红军力量。8月上旬，蒋介石命令国民党陆海空军总司令武汉行营主任何应钦着手筹划对湖南、湖北、江西3省境内各地红军的"围剿"。10月，蒋介石取得中原大战胜利后，即迅速将其主要兵力转向红军和苏区，将过去由一个省或几个省军阀进行的"进剿""会剿"，改为全国统一组织的大规模"围剿",企图在3—6个月内消灭红军。

挟胜利之师余威的国民党10万大军气势汹汹地扑向中央苏区,企图一举消灭朱德、毛泽东领导的红一方面军。红军采取诱敌深入的方针,把国民党军放进苏区来打,一举歼灭国民党军1个师部和3个多旅约1.5万人,活捉了敌军师长张辉瓒,取得了中央苏区第一次反"围剿"作战胜利。

中央苏区第一次反"围剿"的胜利里面有钱壮飞的一份功劳。原来,双十节刚过没多久,陈立夫获悉蒋介石在结束中原大战后即要对红军发起"围剿"作战,他要徐恩曾调查科密切配合。这样,蒋介石企图调动大军"围剿"红军的绝密情报就被钱壮飞得到。钱壮飞派刘杞夫将这一重要情报送到李克农处,此情报又经陈赓转报给周恩来。这样,红军就有了反"围剿"的准备时间。

1931年2月,蒋介石不甘心失败,决心继续"围剿"中央苏区,这回他调集20万兵力,于4月1日分4路开始进攻。红一方面军早已得到国民党要发起新一轮"围剿"的情报,预做了充分的准备，打的是有准备之仗。到 5 月底，国民党军损失了 3 万余人，对中央苏区第二次大规模的"围剿"行动又以失败告终。幕后英雄钱壮飞再次建功。

03 建立奇勋

黎明叛变

钱壮飞与李克农、胡底3人特别小组的工作顺风顺水，既得到了国民党大量机密情报，又很好地隐蔽了自己，没有引起国民党方面的任何怀疑。但是，天有不测风云。一个突发重大事件，直接导致3人特别小组不得不解散。这个突发重大事件，就是黎明叛变。

黎明，何许人也？他就是鼎鼎大名的中央特科负责人、中共中央政治局候补委员顾顺章。

顾顺章，原名顾凤鸣，黎明是他的化名，上海宝山人。他个头不高，身体很壮，鼻梁很高，目光就透着一股子狠劲，喜欢舞枪弄棒，打打杀杀，

有浓厚的江湖气。顾顺章原在上海南洋兄弟烟草公司工作，五卅运动中他领导工人罢工，脱颖而出。入党后曾被派到苏联学习政治保卫工作，成为中共最早的保卫专才，担任过苏联顾问鲍罗廷的卫士，是中共中央政治保卫局首任局长。1927年上海工人第三次武装起义时，顾顺章兼任上海总工会纠察部部长、工人武装纠察队总指挥，参与了起义的组织和指挥。蒋介石发动四一二反革命政变后，顾顺章到武汉从事秘密工作，八七会议上当选为临时中央政治局委员。后参加中央特委工作，并任中央特科行动科科长，是中央特科的实际负责人。1930年9月，顾顺章被补选为中央政治局候补委员。

顾顺章很精明也很能干，据说能够赤手空拳无声杀人，擅长易容术，上台能表演魔术，下台会施催眠术。国民党"中统"老牌特务在其回忆中称顾顺章是"全能特务，够称得上大师。在顾顺章之后，特务行列中，无人能望其项背"。

顾顺章领导的特科"红队"非常活跃，严厉制裁过不少叛徒、特务，令敌人闻风丧胆。但是，顾顺章这个人也有他明显的弱点，特别是随着其地位的上升，居功自傲，目中无人，利用其工作的特殊性吃喝嫖赌抽，生活腐化，几乎达到五毒俱全的程度，完全不像是一个为理想信念而战的共产党人。

为此，周恩来严肃地当面对他提出批评，并特派聂荣臻到特科工作，从政治上监督约束他。周恩来也考虑过要替换顾顺章。中央特科情报科科长陈赓曾忧心地说："只要我们不死，准能见到顾顺章叛变的那一天。"没想到一语成谶。

1931 年 3 月，中共中央派顾顺章从上海护送张国焘、陈昌浩到鄂豫皖苏区工作。在汉口，顾顺章把张国焘、陈昌浩交给鄂豫皖苏区派来的交通员，护送任务就完成了。但顾顺章没有听从中央要他护送任务完成后即迅速返沪的指示，而是留在了武汉，在汉口法租界的一家饭店住下。

顾顺章有个掩护身份，就是魔术师化广奇，在上海魔术界也有一些名气，早年曾经在大世界演出过。顾顺章是一个爱出风头的人，在武汉他也想登登台，表演一番，真是玩兴十足。

一天，在汉口民众乐园，有一个外形很壮实的男子正在表演魔术。说实在的，他的魔术技法确实挺精彩，不时引起观众的阵阵喝彩。

爱出风头是情报人员的大忌，一个人再怎么会改头换面也有马失前蹄的可能。这个正在舞台上陶醉于魔术表演，受到人们追捧的魔术师，引来了一个人的注意：这个魔术师怎么有点眼熟呢？他无心看台上人的表演，更无心看台下观众的反应，脑子在快速转动，搜索着过去打过交道的共产党人。"怎么有点像大名鼎鼎的顾顺章？！"

此人原是中共湖北省委委员、党在汉口地区的负责人，名叫尤崇新。他是在中共中央长江局和湖北省委被有"铲共专家"之称的蔡孟坚侦破后叛变投敌的。叛变投敌后，蔡孟坚要尤崇新带着侦缉处的几个特务，不时到武汉的街头游逛，捕捉共产党人。

尤崇新过去到上海汇报工作时与顾顺章打过交道，但此时的魔术师是西洋绅士模样，高鼻梁，小胡子，他并不能确认，只是觉得身影似曾相识。

尤崇新觉得这个魔术师疑点很多，就与同行

的侦缉处特务一起跟踪，追踪到怡园北边的世界旅馆，那是顾顺章下榻的旅馆。

4月24日，顾顺章离开旅馆外出，没有特别化装，尤崇新这回确认了：这个魔术师就是顾顺章。本来是想抓武汉漏网的共产党，没想到碰上了一条真正的"大鱼"。

顾顺章被特务锁定后，很快就被捕了。

顾顺章被捕后，向特务提出："我要见你们的中央特派员、武汉行营侦缉处的蔡孟坚副处长。"

蔡孟坚是陈立夫手下的一员干将。1930年秋，陈立夫向上海、武汉和开封派出3名国民党中央特派员，专门从事破坏这几个地区中共地下组织的工作。派往武汉的就是蔡孟坚，侦缉处副处长是他的公开身份。派往开封的是黄凯，派往上海的是杨登瀛，当然陈立夫也没有想到他非常信任的杨登瀛，实际上是1928年春周恩来发展起来的第一个反间谍关系。

特务们一看顾顺章能够直接点出他们头头的名字和职务，于是也就没有多啰唆，便满足了他的要求。当天，由武汉行营侦缉处处长杨庆山、副处长蔡孟坚对顾顺章亲自审讯。

顾顺章虽然身居党内高位，又是从事特科这样特殊的工作，但他是个软骨头，还没上大刑就向特务表示："我去年就在找机会，愿意转变。"也就是说早就有归顺国民党之心了。

"你怎么知道我的身份？"蔡孟坚吃惊地问。

顾顺章洋洋自得地回答道："我可不是普通的共产党员，是共产党中央政治局委员，与周恩来平起平坐。要说党务，我掌管共产党的大部分。要说特务，我是特务的总管。国民党任何地区主持反共工作的人，我都知道。"

蔡孟坚接着顾顺章的话头："那咱们就别闲扯别的了，你就把你知道的中共秘密都如实说出来吧！"

顾顺章掌握着党的许多重要机密，他觉得这些重要机密一定能够找个大买主。于是，顾顺章说："我直接点名见你，就是让你们知道一下我的能量。我有一个对付共产党的大计划，请你速安排本人晋见总司令蒋公，我将当面陈情。"

好家伙，一下子点名要见蒋介石！蔡孟坚觉

得顾顺章有点夸张了。"我先要向武汉行营何主任报告，我将引你见见行营何主任。"他这样回复顾顺章。

顾顺章摆出一脸不屑的样子，回答说："见了他也不过说同样的话。"此后，他便不再多说话了。

杨庆山和蔡孟坚只好向武汉行营主任何成濬请示。何成濬有"湖北王"之称，时任国民党湖北省政府主席、国民政府陆海空军总司令驻武汉行营主任，是国民党在湖北省和武汉地区最大的官了。

4月25日上午，何成濬亲自审问顾顺章。顾顺章如实供出中共在武汉秘密交通机关、鄂西联县苏维埃政府和红二军团驻武汉办事处的地址，还交代了直属中央特科四科领导、负责上海至汉口间秘密交通线的一位陈姓共产党员。顾顺章的这一口供，导致党的这些秘密机关被敌人破坏，10余名同志被捕遇害。

顾顺章交代部分机密后便不再多说，还是要求把他送往南京，他要面见蒋介石，表示只有见到蒋介石，他才能把中共领导人和中央机关的核心机密和盘托出。顾顺章还专门叮嘱，在他到达南京之前，先不要将他被捕"归顺"一事向南京发电报。

紧急示警

顾顺章长期负责中共中央机关的保卫工作，掌握许多党内核心机密，了解只有极少数人才知道的中共中央机关和中央领导人住址，熟悉党内的秘密工作方法。按常理，如此重要人物叛变，在未交代核心机密之前，一定要缩小知悉范围，而且尽量不要使用通信工具传递消息。

但逮到顾顺章这条"大鱼"，何成濬、蔡孟坚岂能让功劳被别人抢走，他们迫不及待地向徐恩曾和陈立夫发去多封密电，报告顾顺章被捕"归顺"一事。同时，调用招商局专轮，把顾顺章押往南京。何成濬让蔡孟坚于第二天早晨乘飞机先到南京，报告顾顺章被捕叛变的详细经过，协同南京方面处理此案。

真是不幸中的万幸！4月25日那天是星期

六，徐恩曾去了上海，准备周末在十里洋场逍遥一番，晚上在南京国民党特务机关大本营值班的恰好是钱壮飞。

机要员连续送来武汉方面发给徐恩曾并转陈立夫的6封特急绝密电报，每封电报上都注明"徐恩曾亲译"字样。

钱壮飞一边签收电报，一边琢磨："武汉方面发生什么大事，让他们接二连三地发密电？并且需要徐恩曾亲自处理？是对根据地红军又有什么新动作，还是……"

钱壮飞反锁上房门，拿出从徐恩曾处搞来的国民党高官专用的绝密密码本副本，将密电电文一一译出。

钱壮飞一边译着电文，一边思忖着：出大事了！该怎么办？他告诫自己，在这个重要关头，一定要冷静，再冷静，千万不能乱了阵脚！

第一封密电报告：黎明被捕，并已自首。如能迅速解至南京，3天之内可以将中共中央机关全部肃清。

第二封密电报告：将用轮船将黎明解送南京。

钱壮飞知道顾顺章化名为"黎明"，而且能在短时间内将党中央机关全部肃清的这个叛徒黎明，也只能是掌握许多党的核心机密的特科负责人顾顺章。

但这几封电报是不是真的呢？会不会是国民党特务机关在试探自己？真假一时难以判断。

第三封密电报告：黎明称用兵舰太慢了，所以将改用飞机将他解送南京。这封电报还叮嘱，无论如何这个消息不可让徐恩曾左右人知道，如让他们知道了，那么把上海中共中央机关一网打尽的计划就会完全落空。

只有周恩来、顾顺章等少数几个人知道自己潜伏在徐恩曾身边。这一来电表明自己已经暴露，不是国民党特务机关考验自己而设置的圈套。

接下来的几封密电说，考虑到事情十万火急，汉口方面紧急征用招商局轮船一艘，即刻将黎明解送南京。调查科驻汉口特派员蔡孟坚将于明日（26日）飞抵南京，向钧座禀报，黎明再用兵舰押来，等等。

顾顺章被捕叛变已板上钉钉，在上海的党中

央机关危在旦夕！钱壮飞必须抢在敌人之前向党中央示警。

这是钱壮飞一生最为紧张的时刻！他快速核对电文，用心记下并用密文抄写一份，然后将密电一一封好。他盘算着：押送顾顺章的轮船从汉口到南京27日上午能到达，大搜捕最快可在27日下午、最迟在28日上午即可展开，示警情报最晚要到26日傍晚前送达，这样党中央才有反应和撤离的时间。

这是生死攸关、争分夺秒、惊心动魄的48小时！

钱壮飞叫来自己的女婿刘杞夫，让他赶快出发，赶上南京至上海的最后一班火车。他叮嘱道："不管遇到什么困难，你也要千方百计把这一紧急情报在26日下午之前报告给李克农。不得有误！切记，切记！"

"放心吧，豁出命我也会完成任务的！"

送走了刘杞夫，钱壮飞那颗悬着的心终于放了下来。接着，钱壮飞来到联络点，将一幅地图划破，这是他们事先约定的暗号，这是紧急撤离的信号。

然后，钱壮飞回到办公室，沉着地处理其他应变事宜，迅速清理好自己所经管的文电、账目，销毁党的所有秘密文件。考虑到紧急撤离带着女儿和年幼的儿子不便行动，钱壮飞决定忍痛将他们留在南京。他还需要做点什么，可以尽可能地减轻国民党特务对自己孩子的伤害。想了想，他拿起了笔，给徐恩曾写了一封"告别信"，说明他与徐恩曾因政见不同只能就此别过，请他不要难为自己的孩子，否则会把他贪污经费、暗算同僚和生活上的一些隐私捅出去。

4月26日一大早，钱壮飞镇定自若地走出调查科大本营。

由于顾顺章叛变将危及党中央的安全，是个天大的事，钱壮飞担心刘杞夫可能无法第一时间联络到李克农，为防万一，他需要来一个双保险，于是决定亲自赶赴上海。

没有来得及与在南京的家人告别，钱壮飞行色匆匆，赶往下关火车站，登上了去上海的早班火车。出于安全考虑，快到上海时，钱壮飞在郊区的真如火车站提前下了车，然后绕道进市区，赶往李克农处。到达李克农住处之前，钱壮飞给在天津的胡底发去一封电报，上面写着："潮病重速归。"这是他和胡底事先定下的暗语，通知胡底事态万分严重，必须马上撤离。

钱壮飞当然不知道，他离开特务大本营赶往南京火车站时，刘杞夫已经到达上海并敲开了李克农的家门。

那天清晨，李克农被一阵急促的敲门声惊醒，开门一看是神色有些紧张的秘密交通员刘杞夫。

刘杞夫气喘吁吁地报告："这是我岳父让我交给您的特急情报。"

李克农赶忙接过来，那是钱壮飞的一封亲笔信和几封电报密文抄件，十万火急的情报！

李克农非常清楚顾顺章叛变意味着什么：宁沪间历尽艰险建立起来的情报网必将遭到彻底破坏，更危险的是整个中央领导机关也将面临灭顶之灾。

"时间紧迫，必须马上报告中央，赶在敌人动手之前撤离！你先在我这里休息一下。"李克农对刘杞夫说。

刘杞夫回答:"不行,我来得急,没有与家人打过招呼,还得赶回南京。"

李克农考虑了一下,提醒道:"你这是重入虎口啊,太危险了。"

刘杞夫说:"我应该还没有暴露,况且妻子钱椒和内弟钱江还在南京,我突然消失,反而坐实了敌人的怀疑。我回去后,如果时间来得及,我们就撤出来。如果被敌人扣留,我就装傻充愣,但愿能躲过一劫。"

李克农想了想,也没有更好的主意,就同意了。他取出3块银圆,他的妻子赵瑛摘下自己佩戴的戒指和耳环送给刘杞夫。李克农嘱咐道:"此行凶多吉少,这些东西可能用得着,遇事一定莫慌张,沉着应对。"

27日这天,恰恰不是李克农与陈赓预定碰头的日子,所以他一时找不到陈赓。不能靠平时这条线联系到中央,这可怎么办?

情急之中,李克农突然想到了一个人,就是时任中共江苏省委书记的陈云。陈云既与自己有联系，又与中央有联系。李克农紧急赶往江苏省委设立不久的一个联络点，通过这个联络点顺利地找到了陈云和陈赓。这样绕了些弯子，终于将钱壮飞的示警情报转到周恩来和党中央手上。

中共中央委托周恩来全权处理顾顺章叛变引发的紧急事变。

这真是千钧一发的危急时刻！如果党中央机关被敌人破获，中央领导人被全部逮捕，对中国革命必将是十分沉重的打击，后果不堪设想。

周恩来临危不惧，在陈云、聂荣臻、陈赓、李克农等同志的协助下，沉着地处理这场突如其来的巨大危机。

他们果断采取 5 项措施：

第一，销毁大量机密文件，避免落入敌手；

第二，迅速将党的主要负责人转移，并采取严密的保卫措施；

第三，把一切可能成为顾顺章侦察目标的干部，尽快地转移到安全地带或撤离上海；

第四，审慎而又果断地切断顾顺章在上海所能利用的重要关系；

第五，废止顾顺章所知道的一切秘密工作方法，由各部门负责实现紧急改变。

27日当夜，中共中央、江苏省委和共产国际远东局派驻机关全部转移，其他几十个单位包括联络点也陆续开始转移，所有与顾顺章有联系的关系也全部被切断。

"立刻转移"，话好说，但真正实施起来太紧张、太复杂了，顾顺章知道的实在太多了。聂荣臻元帅后来回忆说："这两三天里真是紧张极了，恩来同志和我们都没有合眼，终于抢在敌人前面，完成了任务。"

完成首脑机关和领导人转移之后，周恩来、陈赓等才最后撤离。周恩来化装成一个女人，陈赓则打扮成一个捡破烂的老头。

4月27日，顾顺章乘坐的轮船到达南京下关码头，但他并没有如愿马上见到蒋介石。一个共产党的叛徒，尽管原来在党内地位很高，但落到了敌对阵营，还摆那么大的谱，特别是到了南京，谁都不理他这茬儿，只得乖乖听人家的摆布。

根据陈立夫的旨意，由徐恩曾来审问。这样，顾顺章由先期飞抵南京的蔡孟坚用小船把他接上岸，直接送到徐恩曾设立的秘密情报指挥机关，位于中山北路 305 号的正元实业社。

顾顺章抬头一看招牌，进门就说："中山北路305 号，这不是我们的驻京办事处嘛。"

"什么？你们的办事处？"蔡孟坚感到有些莫名其妙。

"徐恩曾先生的机要秘书钱壮飞就在这里上班，他是中共打入调查科的核心间谍。你们中央一切对付共产党的重要资料都由钱壮飞派人送到上海租界，由我或周恩来核阅。"顾顺章解释道。

"如果钱壮飞逃到上海，报告周恩来，那我的计划就全要泡汤了。快点，快把钱壮飞控制起来！"顾顺章补充道。

蔡孟坚闻听，大惊失色，他预感到大事不好，责怪顾顺章道："你在武汉太大意了、太自大了！你如果那个时候交代出潜伏在我们中央机要部门的钱壮飞是共产党，我们会立即采取防范措施，就不会电报报告你被捕和愿意自首之事了，一切都会由我亲自面呈中央当局。这下可好，很可能消息已经走漏出去了，你自己但求多福吧！"

蔡孟坚立即向徐恩曾报告钱壮飞的真实身份，徐恩曾听到这个消息，吓出一身冷汗，自己的心腹竟然是共产党，而且还是特科成员！徐恩曾惊得好一会儿缓不过神来。

"快！快去找钱壮飞，挖地三尺也要给我抓回来！"徐恩曾声嘶力竭地喊叫道。

此时，蒋介石官邸来了电话，让蔡孟坚把顾顺章带去。

到达蒋介石官邸会客厅，蔡孟坚先看到陈立夫手下担任秘书的张道藩，马上向他报告："徐恩曾的机要秘书钱壮飞是共产党间谍，可能已经逃亡。"

张道藩闻听也是大吃一惊，但毕竟他要老练得多，告诉蔡孟坚："此事绝不可报告蒋总司令。你年轻，要增加经验，不要给立公（指陈立夫）添麻烦。"

这时，蒋介石出来了，先与蔡孟坚握手并夸奖了几句。

"这位就是向我方归顺的顾顺章。"蔡孟坚向蒋介石介绍道。

顾顺章伸出手，但蒋介石并未回应，只是对他说道："你归顺中央，甚好甚好。以后一切听蔡同志安排，为国效力。"

蒋介石仅站着说了这句话，即说"再见"，然后扬长而去。

对蒋介石寄予厚望的顾顺章，失望之情溢于言表。

就在蒋介石召见顾顺章之时，徐恩曾撒出去大批人马抓捕钱壮飞，但钱壮飞早已远走高飞了，徐恩曾上哪儿抓去！快把整个南京城和沪宁沿线都翻遍了，连钱壮飞的影子也没有捞着。

抓不住钱壮飞，徐恩曾只好去抓钱壮飞的家人。刘杞夫，这位完成紧急情报递送任务回到南京的英雄不幸被捕，与他一起被抓的还有他的妻子钱椒和钱壮飞的儿子钱江。虽然他们不幸被捕，但最后的结局还不错。徐恩曾顾忌钱壮飞离开前留下的警告，特别是怕把事情闹大后蒋介石追究起他用人失察造成的重大责任，最后他不得不采取息事宁人的办法，在关押刘杞夫等人几个月后就陆续把他们释放了。可怜 12 岁的钱江先放出来后，因无人照顾，只得流浪于南京街头。后来被二姐钱蓁蓁找到，才有了安身之所。

徐恩曾这边在南京搜捕钱壮飞未果，那边在上海同样徒劳无功。

4 月 28 日到 30 日整整 3 天时间，在叛徒顾顺章的指认下，调查科的特务会同上海英、法租界巡捕房警探展开全城大搜捕。警车呼啸而过，警笛声声刺耳，特务警察来回穿梭于大街小巷。

中共中央领导人周恩来、王明、博古等住所被搜查了；

中共中央机关驻地被搜查了；

中央军委机关驻地被搜查了；

中央特科驻地被搜查了；

中共江苏省委机关驻地被搜查了；

中共中央在上海的秘密电台所在地被搜查了；

……

凡是顾顺章知道的党的机关驻地和领导人住址，无一例外都被翻了个底朝天。国民党特务的动作不可谓不快，但由于有钱壮飞的紧急示警和周恩来等的及时有效应对，敌人白忙活一场。

陈立夫在其回忆录《成败之鉴》中不无遗憾地说，后来周恩来到重庆开政协会，在宴席间周恩来亲口告诉他，当时如果慢了5分钟，就有可能被国民党捕获。

真实的历史有时比虚构的文学作品更具有戏剧性。国民党特务机关一举铲除中共中央机关和领导人的弥天大梦，被国民党特务头子的机要秘书的一个情报打碎了；中国共产党的一场特大灾难和特大危机，被钱壮飞的紧急示警轻松化解了。钱壮飞在历史关键时刻为中国革命作出了特殊的重大贡献！

一举剿灭中共首脑人物的美梦破灭几十年后，徐恩曾这位国民党特务头子在《一个特工的自述》一书中后悔地表示："不该重用了钱壮飞。"

陈立夫讲到当时国共双方都在加强渗透潜伏，"无孔不入"，"录用钱壮飞为一大疏忽"。陈立夫埋怨徐恩曾看走了眼，他自己何尝不是呢！

当然，顾顺章叛变革命还是造成了党的不小损失，导致一些来不及撤离的地下党员被捕，最大的损失是党的早期领导人之一恽代英被杀害。

1930年5月，恽代英在上海一家纱厂与工人联系工作时被捕。他是国民党重金悬赏捉拿的重要人物，由于被捕时他机智地自伤毁容，被捕后他的真实身份没有暴露。周恩来指示要用一切手段营救恽代英出狱，营救工作由顾顺章负责。1931年2月，恽代英从苏州监狱转至南京中央军人监狱。此时，营救工作有了很大进展，陈赓已经通过高等法院法官的关系，准备给被判处5年徒刑的恽代英减刑，不久就可以出狱。

没有抓住中共首脑人物，徐恩曾把火撒到顾顺章身上，大加指责一番。从满怀希望到极度失望的顾顺章，想到了还关在监狱中的恽代英，他告诉徐恩曾："他们在外边的机关、人员能够逃脱，但是关在你们牢里的共产党头目不可能逃掉了。"

"谁呀？我怎么不知道最近有共党重要头目落网？"徐恩曾急切地问。

顾顺章回答说："恽代英。"

"恽代英？如果真是恽代英，那也好向老蒋交差。"徐恩曾问道，"恽代英关在哪里？"

"就在南京，在中央军人监狱。不过他用的是假身份，就是那个武昌失业工人王作林。"

徐恩曾立即将恽代英已经被捕入狱的情况报告陈立夫并转报蒋介石。鉴于恽代英在中国共产党中的地位和影响，蒋介石下令要尽一切可能诱降。恽代英面对敌人的威逼利诱，坚贞不屈，断然拒绝国民党的要求。蒋介石得知恽代英不肯屈服，就下令马上处决。4月29日，恽代英英勇就义。

从顾顺章出卖恽代英到烈士遇难，仅仅几天时间。陈赓把恽代英狱中牺牲的消息报告周恩来。周恩来只说了一句话："我们晚了一步。"两个人相对无语，流下了眼泪。

为了掩盖重用钱壮飞的失察之责，徐恩曾串通陈立夫严密封锁相关消息，并紧紧控制叛徒顾顺章。当蒋介石得到恽代英被指认出来的报告后，立即召见徐恩曾，提出："有共无我，有我无共，必须放手大干，只求确有实效。"蒋介石还批给10万元奖金，以示鼓励。

叛徒终不会得到对方的真正信任和重用。叛变投敌、当了国民党特务的顾顺章，最后也与许多叛徒一样，没有什么好下场。虽然国民党的调查科和后来的"中统"给予顾顺章较高的薪水，但也只是叫他担任训练特务的工作和编写训练教材。1935年，顾顺章因闹派别、拉山头，被国民党"中统"头目以"跳槽"的罪名处决了。

20世纪80年代，蔡孟坚在台湾《传记文学》上发表的《两个可能改写中国近代历史的故事》一文中，大骂顾顺章叛变后还要"打埋伏"，留一手，没有及时供出钱壮飞，致使功亏一篑，害得他们空欢喜一场。

让人哭笑不得的是，几十年后蔡孟坚仍然没有搞清楚，中共隐蔽战线的两位大英雄钱壮飞与李克农的区别，还认为他们就是同一个人。蔡孟坚在文章中肯定地写道："有确实资料证明，大陆陷匪后，匪政权社会部长李克农，即是钱壮飞。"

话说回来，国民党特务在南京没有抓捕到钱壮飞，把搜捕的方向转向钱壮飞过去的重要活动地上海，派出认识钱壮飞的特务游走于大上海的各种场所和大小里弄。

党中央对钱壮飞的安全高度重视。钱壮飞抵

达上海与陈赓、李克农接上头之后，周恩来特别指示中央特科的保卫人员要保证他和家人的安全。

由于示警及时、应对有力，大大减轻了顾顺章叛变事件对于党所造成的危害，但这一事变对于党在隐蔽战线的布局产生重大影响。由于顾顺章一人叛变，中央特别委员会和中央特科必须重组，原有的秘密工作方法必须改变，"龙潭三杰"等一批隐蔽战线的杰出人才必须从上海转移。

6月10日，中共中央政治局会议专门对中央特别委员会工作进行总结，对今后中央特委的组织、工作方针、纪律等规定了原则，重新成立由周恩来、陈云、康生、潘汉年、邝惠安组成的中央特别委员会，领导中央特科的工作。

不久，中共中央负责人向忠发被捕叛变，供出周恩来在上海的新住处。周恩来虽及时撤离，但已经无法在上海继续存身。中共中央决定周恩来停止在上海的工作，转移至中央苏区。在顾顺章叛变之前，中央实际就已决定周恩来到中央苏区，担任苏区中央局书记。

6月下旬，陈云被任命为中央特科负责人。陈云上任后，在调整组织的同时，安排因顾顺章、向忠发叛变而暴露身份的中央特科人员撤离，决定钱壮飞、李克农、胡底离开上海前往中央苏区，陈赓、陈养山到天津，李强去莫斯科。

离开上海之前，钱壮飞与结发妻子徐双瑛和妻子张振华见了面。此前，在党组织的帮助下，为了躲避国民党特务的追踪，他们已经多次搬过家。徐双瑛还拿出自己所有的首饰交给钱壮飞，当作盘缠。

钱壮飞撤离上海后，周恩来又指示李克农将他的家人转移隐蔽起来，妥善加以安置。此前在中国现代歌舞开拓者黎锦辉开办的中华歌舞团（明月社）学习的二女儿钱蓁蓁，改名黎莉莉，真正走上演艺事业。抗日战争时期，在周恩来亲自过问和安排下，党组织把钱壮飞的两个儿子钱江、钱镗（改名钱一平）接到革命圣地延安，分别进入鲁迅艺术文学院美术系和自然科学院学习。

04

红都岁月

进入中央苏区

1931年夏天，钱壮飞经广东汕头、潮州、大埔等地进入中央苏区。

到江西瑞金后，钱壮飞挂念着远在上海的亲人，让人捎去过3封信，其中有一封信写了几句话，要喜爱艺术的二女儿钱蓁蓁切记："善用艺术，足以救国；误用艺术，诱人堕落。"来自遥远瑞金的教诲，成为后来走上演艺道路的钱蓁蓁的座右铭。

由于中央苏区军医缺乏，加上人们对钱壮飞的过去也不是很了解，初到苏区的钱壮飞就干起了老本行，在红一方面军司令部卫生所当了一名医生。9月，上级任命他为红一军团第3军军医处处长。

虽然钱壮飞久未从事医生职业，但他的医学底子厚实，随着医治病人的增多，他的临床经验更加丰富起来，医术得到红军指战员的称赞。根本没有人会想到，这位身材修长、长相清秀、和蔼可亲，戴着一副金丝边眼镜，处方写得工工整整的钱大夫，竟然是一位在隐蔽战线建立奇勋的大英雄。

后来，李克农等人到达中央苏区，钱壮飞就自然而然地被调到情报保卫部门，在邓发任处长的苏区中央局政治保卫处工作。

1931年9月，中央苏区取得第三次反"围剿"作战的胜利。11月，赣南、闽西根据地连成一片，中央苏区拥有21座县城、5万平方公里土地，250万人口和5万红军，成为全国最大的苏区和红军主力军的所在地。

中共中央决定召开第一次全国苏维埃代表大会，建立中华苏维埃共和国。

苏区中央局政治保卫处负责中华苏维埃共和国"开国大典"的保卫任务。除对会议召开地瑞金谢氏宗祠及其附近地区的保卫任务外，为确保会议顺利召开，钱壮飞与同事们还布置一个假的会议地点，以迷惑国民党军。

在离瑞金几十公里外的福建长汀，钱壮飞他们选择一块开阔的坪坝，搭建一个假的会场，设置一个主席台，下面摆上几百条长凳，四周插满红旗。

会议召开期间，国民党派出几架飞机飞到长汀钱壮飞他们布置的假会场上空，投下了一枚又一枚炸弹。

在真正的会场——江西瑞金叶坪村谢氏宗祠，中华苏维埃第一次代表大会如期召开。代表分别来自中央苏区和湘鄂西、湘赣、湘鄂赣、赣东北、琼崖等苏区，红军部队，以及中国共产主义青年团中央、全国总工会、全国海员工会，共610名。越南、朝鲜来宾也应邀与会。11月7日，会议召开当天，中华苏维埃共和国临时中央政府宣告成立。接着，选举产生临时中央政府执行委员会，毛泽东当选为中央执行委员会主席和中央人民委员会主席。

这是中国共产党在局部地区执政的重要尝试，在一定程度上加强了对处于被分割状态的全国各地苏区的中枢指挥作用，推动了苏区的政权建设、经济建设和文化建设。

随着中华苏维埃共和国的成立，一个特殊的部门诞生了，这就是国家政治保卫局。

国家政治保卫局在国家政权机关中属于特别的组织，成员穿着红军服装，但配饰与一般红军指战员不同。一般红军指战员佩戴红色领章，而保卫局成员却是绿色领章，均随身携带由国家政治保卫局统一制发的证章。

《中华苏维埃共和国宪法大纲》规定：国家政治保卫局是中华苏维埃组织的一部分，是苏维埃特别组织之特别机关。这个机关是在政府领导之下进行公开的、秘密的与一切军事的、政治的、经济的反革命作斗争，是保卫苏维埃政权的一个机关。

国家政治保卫局下设侦察部、执行部、红军工作部、白区工作部、政治保卫队，工作范围覆盖党政军各个系统。过去中共情报保卫工作是秘密工作，现在国家政治保卫局成立了，在苏区内它是一个公开的国家机关，既有公开斗争也有秘密斗争。

国家政治保卫局权力很大，可以逮捕同级军政领导。他们的纪律也极其严格，有句话说："党是铁的纪律，保卫局是钢的纪律。"

国家政治保卫局成立之初，钱壮飞担任部长。后来，他又担任中央革命军事委员会政治保卫局局长、红一方面军政治保卫局局长等职，为保证中央苏区政治安全作出重要贡献。

政治保卫局的大部分人员是从红军作战部队抽调来的，或是红军学校的毕业学员，他们忠诚于党，忠实可靠，但也有的人不太愿意做这项工作，希望能够到前线去，与敌人面对面地战斗。钱壮飞耐心地做这些人的工作，用自己在隐蔽战线的亲身经历，提高他们对政治保卫工作重要性的认识。

有一次，部队在粤北南雄打了一仗，回到赣南兴国。一位从红军学校毕业到保卫局的保卫队工作不久的干部找到钱壮飞："钱局长，我想回前线去杀敌。"

钱壮飞穿着一件对襟布扣的中式短褂，两手插在褂子前面的口袋里，神态随和地问："为什么非要回部队呢？"

那个干部回答："我报名参加红军就是要到前线杀敌人的，在保卫局没有仗打，这里像保命怕死的人待的地方。"

钱壮飞听了这样的回答，没有生气，而是要他再好好考虑考虑。

几天以后，那位干部再次提出要调离保卫局。这回钱壮飞有点不客气了，他从口袋里掏出一个很小的本子，翻着本子说："你一毕业组织上就任命你为保卫队副队长，可你看不起党的保卫工作，认为保卫局的同志都是保命怕死的胆小鬼。这是非常错误的。"

接着钱壮飞又说："上前线去打仗，与敌人面对面战斗，是同公开的敌人斗争。我们这里每时每刻都在同隐蔽的敌人打仗，比较起来实际上更复杂、更困难。党挑选我们从事这项光荣而艰巨的工作，作为一个共产党员，你一定要安心地在保卫局努力工作。"

"保卫队的主要任务是看管犯人和执法，这项工作也很重要。如果组织上认为有必要调整你的工作，会考虑的，以后你自己就不要再提了，党叫干啥就干啥。"

几十年以后，那位干部回忆起当时的情景还记忆犹新，他说："钱壮飞能复述自己过去讲过的话，真让我目瞪口呆。"他甚至认为钱壮飞可能有一种特殊的技能，就是他有一套能在口袋里暗中笔录谈话内容的技能。他说："以后见到钱局长又是敬佩又有几分害怕。"

为了提高政治保卫干部的工作能力，钱壮飞亲自动手编写政治保卫工作教材，传授政治保卫业务知识和技能。比如，如何警戒布哨？如何追踪或摆脱盯梢？如何识记和描绘不同人物的特征？如何搜集和传递情报？如何审讯、如何记录？如何调查分析？如何与三教九流打交道？钱壮飞都一一给大家传授，有时手把手地教大家。

"为了迷惑和摆脱敌人，保卫工作人员要善于化装，而且要装什么人就像什么人，不要三不像。只要有一点不像，露出破绽，敌人马上就会发现你，还能完成什么侦察、保卫任务？必要的时候还要扮成女人，而且真的要像女人。"

钱壮飞说完，会给大家做些示范，让大家大开眼界。特别是钱壮飞参加红军剧团的演出，经过认真的化装，那真是扮什么像什么，就连整天跟他一起工作的同事都不一定能够认出。

听过钱壮飞课的政治保卫干部，都夸赞钱壮飞的课讲得深入浅出，形象生动，让他们受益匪浅，从此爱上了政治保卫工作，履行政治保卫工作的能力也提高了。

战斗在军委二局

1932年12月，中革军委决定在中革军委和总司令、总政治委员之下，设立总司令部、总政治部、总供给部和总卫生部。1933年2月，中华苏维埃共和国临时中央政府决定，中革军委由前方移至中央政府所在地瑞金，在前方另行组织红军总司令部兼一方面军司令部。

1933年5月，曾希圣任红军总司令部第二局兼一方面军司令部第二局局长，主要在前方工作，该局被称为"前方二局"。钱壮飞的工作有所变动，改任中革军委总司令部第二局副局长，该局被称为"后方二局"。后方二局的工作由钱壮飞实际主持。

此前的政治保卫工作与钱壮飞过去从事的隐蔽战线斗争有一定的联系，但毕竟不同于情报工作。此时的钱壮飞回到了情报工作老本行，工作起来得心应手。

与钱壮飞一起在后方二局工作的战友回忆，钱壮飞的工作非常忙碌，除日常工作外，他还要把每天的情报标在图上，用英文注音，送给共产国际派来的军事顾问李德。到钱壮飞的办公室，只见他桌子上摆满地图和绘图工具，总能看到他忙个不停。

钱壮飞实际负责的后方二局与曾希圣领导的前方二局，虽分处异地，但始终密切配合，为打破敌人的进攻、消灭更多的敌人提供及时的情报支持。

5月初，他们侦得驻江西莲花的国民党军第63师要派4个多营到湖南茶陵接运物资，然后经界化垅回莲花的情报后，立即向湘赣军区通报这一敌情。据此，红8军与独立第12师在界化垅至九渡冲之间设伏，歼敌大部。

5月中旬，他们又得到情报：国民党军两个旅要护送大批物资从茶陵到莲花，接济处于困境中的第63师。湘赣红军根据军委二局的这一情报，再次设伏击，歼敌大部，缴获大量枪支弹药和其他物资。

前方部队打了胜仗，钱壮飞和战友们别提多高兴了。那些胜利里面，也有他们的一份辛劳。那段时间，前方二局和后方二局共破译了国民党军100来件密码电报，成绩卓著。

8月1日，建军6周年之际，军委二局召开"百本纪念"大会。钱壮飞想出了一个好听的名字，叫"百美图"，庆祝二局破译敌人密码100件。

中革军委为表彰军委二局贡献，决定授予局长曾希圣二等红星奖章，并举行隆重的授奖仪式，朱德、周恩来亲自为他们戴奖章、挂红花，鼓励他们再接再厉，再立新功。红星奖章，是由钱壮飞设计的。

几次"围剿"红军均以失败告终，蒋介石自然不会善罢甘休。1933年5月，蒋介石设立军事委员会委员长南昌行营，由该行营全权处理赣粤闽湘鄂5省军政事宜。在美、英、日等国支持下，国民党军开始第五次大规模"围剿"的各项准备。蒋介石调集了100万大军，亲任总司令，坐镇南昌指挥。这次蒋介石吸取了过去"围剿"失败的教训，采取"三分军事，七分政治"的方针，对根据地实行经济上严密封锁，军事上采取持久战和"堡垒主义"的新战略。

9月，国民党军首先集中50万兵力向中央苏区发起进攻，企图依托碉堡逐步紧缩中央苏区，消耗红军有生力量，而后寻求与红军主力决战，彻底消灭红一方面军，摧毁中央苏区。

10月初，军委二局呈报了《五次"围剿"敌人兵力详细调查表》，列出"围剿"中央苏区的国民党军番号、编制、实力、驻地与任务，供中共中央和中革军委领导人决策时参考。

12月，前方二局撤回到瑞金，与后方二局合并，统称中革军委总司令部第二局，简称军委二局，曾希圣仍为局长，钱壮飞仍任副局长。

钱壮飞与局长曾希圣及军委二局的同志一起，担负着对国民党"围剿"大军的技术侦察任务。他们破译了国民党军无线电密码，为红军总部提供了大量的敌军动态情报。

孙子说：知彼知己，百战不殆。这是一句至理名言，打胜仗离不开及时准确的情报支持。有了情报支持，就如同在玻璃杯里押宝，看得准，赢得了。但是仅仅有情报支持，作战指导思想方针不正确也是不能打胜仗的。中央苏区第五次反"围剿"作战就是这样的一个例证。

虽然钱壮飞他们提供的情报及时准确，但是临时中央负责人博古等人不懂军事，把红军指挥大权交给了共产国际派来的德国人李德。博古、李德等放弃了积极防御战略这一被历次反"围剿"作战证明是正确的方针，改而实行军事上的冒险主义，主张"御敌于国门之外"，与优势的国民党军打正规战、阵地战、堡垒战，使中央红军陷入被动局面。

正当中央苏区第五次反"围剿"作战陷入被动之际，以陈铭枢、蒋光鼐、蔡廷锴为首的国民党第19路军将领，联合国民党内李济深等一部分反蒋力量，于11月下旬发起福建事变，成立中华共和国人民革命政府（简称福建人民政府），公开与蒋介石南京政府决裂。

自1931年九一八事变后，中日矛盾逐渐上升为中国社会的主要矛盾，第19路军对蒋介石"攘外必先安内"政策不满，要求停止内战，一致对外。特别是他们在上海参加一·二八淞沪抗战后，对蒋介石实行对日妥协政策更加愤慨，与其矛盾日益加深。

蒋介石则企图借刀杀人，把第19路军调到福建，让他们参加"剿共"。

第19路军领导人知道这是蒋介石的阴谋，而且"剿共"没有前途，不论是胜是败，自己的力量都会被削弱，于是他们提出联共反蒋抗日的方针，并派出代表同红军进行谈判。

1933年1月，中共提出红军愿意在停止进攻苏维埃区域、保证民众的民主权利、武装民众3个条件下与任何武装力量共同抗日，临时中央政府派中革军委总政治部宣传部部长潘汉年与福建省政府和第19路军代表就抗日反蒋问题和建立军事同盟问题进行具体谈判。10月26日，双方代表在瑞金草签《反日反蒋的初步协定》。

11月福建事变发生后，潘汉年与福建人民政府领导人就政治、军事、经济、外交等问题进行广泛磋商。随后，中革军委副参谋长张云逸作为中共中央全权代表，与福建人民政府方面展开谈判，并于11月27日签订了《闽西边界及交通条约》。条约规定双方停止军事行动，确定边界，并恢复交通贸易关系。

在与福建人民政府方面谈判过程中，需要临时中央政府与潘汉年、张云逸等保持密切的联系与沟通，中革军委总司令部即将编制新的密码本的任务交给了钱壮飞。

钱壮飞组织军委二局的有关同志，加班加点，很快编制出新的密码本，为与福建方面的顺利谈判和达成协议作出了自己的贡献。

毛泽东、周恩来、彭德怀等提出在军事上应

同第 19 路军进行配合，但是博古等人认为第 19 路军抗日反蒋行动是"欺骗群众"，因此没有采纳毛泽东等人的正确主张，没有采取直接支援第 19 路军的行动，错失了共同对付蒋介石、打破国民党第五次"围剿"的时机。

孤立无援的第 19 路军，在蒋介石的军事进攻和政治分化下很快归于失败，随后国民党军完成对中央苏区的四面包围。

首席建筑设计师

读者朋友们，如果你们有机会到江西瑞金参观红色革命旧址，一定会对临时中央政府大礼堂、红军烈士纪念塔等六大建筑留下深刻印象。

说起这些建筑的设计者，你们不一定能够想到，他就是钱壮飞，多才多艺的钱壮飞。

钱壮飞的建筑设计才能，其实在参与筹办西湖博览会时已经有所展现，但说到大放异彩，还是在红都瑞金时期。

为筹备召开中华苏维埃第二次全国代表大会，中央执行委员会于1933年夏天作出决定，成立以中央内务部代部长梁柏台、中央政府秘书长谢觉哉等组成的"二苏大会"准备委员会，还决定在瑞金沙洲坝兴建临时中央政府大礼堂，在叶坪临时中央政府广场兴建红军烈士纪念塔、红军烈士纪念亭、博生堡、公略亭和红军检阅台，由"二苏大会"准备委员会负责监造。这6处建筑，被苏区军民誉为六大建筑。

六大建筑的设计重任落在了钱壮飞身上。

人们都说，建筑是凝固的音乐。如何让建筑物充分体现其所要承载的主题、思想，如何让建筑物的功能更合理、更实用，如何展现建筑物的艺术之美？如何将建筑物的实用功能与艺术之美完美地结合起来，这些都让钱壮飞颇费心思。钱壮飞忙着听取有关领导的指示要求，进行实地考察，阅读有关材料，反复设计建筑图纸，与建筑人员探讨问题⋯⋯

那一段时间，钱壮飞像着了魔一样，茶不思、

中华先烈人物故事汇 **钱壮飞**

饭不想，完全沉浸在建筑设计的世界里。

中华苏维埃共和国临时中央政府大礼堂，那是召开全国苏维埃代表大会和中央其他重要会议的场所，是人民的大会堂，就其重要性来讲，是中央苏区的第一大建筑，来不得半点马虎。从建筑规模要求上讲，也是中央苏区的第一大建筑，上级要求大礼堂要能够容纳2000多人同时在那里开会。这真是一个巨大的挑战！

但是，这难不倒钱壮飞。

钱壮飞把礼堂设计成两层，用18根圆木柱支撑起整个楼座和屋顶，楼面呈回廊式，并有阶梯式楼座，楼下呈半圆形，可摆放长条凳。空间大容量的问题就这样解决了。

钱壮飞的设计不仅仅解决了大礼堂空间容量的问题，而且这样的设计，不论从哪个角度都能看见主席台，同时回音效果又特别好，在主席台上讲话不用麦克风听众也能听得清楚，有利于台上台下交流。

主席台高1米、长9.20米、宽13米，左右两边有小楼梯，右边角上设置一间小房间作为休息室，室内向后台开了一道门，可直通后台工作用房。

大礼堂门首的位置，钱壮飞留给了临时中央政府总务厅文书黄亚光。黄亚光毕业于台湾高等农林专科学校，从小喜爱绘画，曾在厦门集美学校任教，设计过苏区各种纸币、公债券，是中央苏区第一枚邮票的设计者。

钱壮飞与黄亚光商量，门首位置非常显眼、重要，这个位置要突出红色标志，凸显中华苏维埃共和国第一建筑的地位。黄亚光很快拿出设计方案：中门门首壁上镶嵌中华苏维埃共和国国徽图案浮雕，下面有两行浮雕大字：中华苏维埃共和国临时中央政府。左右两侧上方，则为军旗图案的浮雕。钱壮飞对黄亚光的设想表示赞同，并交由他来书写文字。

大礼堂四周设计有 17 道双合扇大门和 41 扇窗户，便于采光和通风，而且利于疏散。出于安全考虑，钱壮飞还在大礼堂的北侧设计了可容纳2000 多人的防空洞。

后来大礼堂在实际使用过程中，就发生过国

民党飞机来轰炸、扫射的情况，由于整个设计考虑了安全性的要求，有惊无险。国民党飞机来空袭时，会议代表都很快地疏散到了防空洞，而且幸运的是国民党飞机投下的炸弹是个哑弹，只是把礼堂砸了个大洞，没有造成更大损害。

话说回来，钱壮飞对大礼堂的整体造型也动了一番脑子，把它设计成八角形，从空中俯瞰，就像一顶红军的八角帽，后台工作用房即是八角帽的帽檐部分。整个建筑的革命和红色意蕴强烈。

红军烈士纪念塔，那是纪念为革命而牺牲的红军烈士的丰碑，是中央苏区人民祭奠和缅怀红军烈士重要场所的主体建筑，也是中央苏区的标志性建筑，要求肃穆庄严，纪念性、功能性与艺术性有机结合，建筑材料与建筑纪念功能、精神功能有机结合。

在设计纪念碑那段时间里，钱壮飞思绪万千，脑子里出现最多的就是他与战友们深入虎穴的战斗岁月，红军指战员不怕牺牲、浴血奋战的英勇画面，想到了他生活战斗过的北平、南京、上海、杭州的各种纪念性建筑。

怎么才能让这座烈士纪念塔成为中央苏区重大的政治象征？怎样才能让它的纪念功能、精神功能发挥出来？怎么才能让它成为苏区军民的精神家园和灵魂圣殿？

"这样？好像还不够好。这样，还是这样？这回好像有那么点意思了。"钱壮飞绞尽脑汁，一遍遍地构思着、勾画着纪念塔的草图。终于，设计工作完成了。

一座炮弹形的纪念塔呈现出来了。塔高13米，象征着领导中国人民革命的中国共产党自1921年7月成立已经是第13个年头了；炮弹形的塔身，是激烈武装斗争的标志，象征着射向敌人阵地的炮弹；塔身上布满一粒粒的小石块，则象征着无数为革命献身的烈士。用红条石砌成的五角形塔座，象征着中国工农红军，塔座四周镶嵌领导人题词。

纪念塔正前方的地面，用煤渣铺写"踏着先烈血迹前进"几个大字，与纪念塔构成一幅完整有机的构图，表达苏区军民对革命烈士的崇敬与怀念，表达苏区军民继承先烈遗志、战斗到底的决心与意志。

毛泽东、朱德、周恩来、博古等领导人看了钱壮飞的这个设计，都给予了充分肯定，赞赏设计主题鲜明，思想内涵深刻，很有红军特色。

与红军烈士纪念塔不同，钱壮飞设计的红军烈士纪念亭和红军检阅台则走的是仿我国传统建筑的路子。红军烈士纪念亭设计得典雅美观，古色古香。红军检阅台为砖木结构，台高1.2米，台面铺木板，台檐下的弧形圆木梁左右两侧的吊方下端雕刻有木灯笼，后台1米处有木板屏风。

钱壮飞设计的两位红军高级将领的纪念设施也非常有特色。一个是公略亭，另一个是博生堡。

黄公略，是中国工农红军高级将领，与彭德怀等领导了著名的平江起义，曾任红军第5军副军长、第3军军长等职。"赣水那边红一角，偏师借重黄公略。"毛泽东给予黄公略极高的评价。1931年9月15日，中央苏区第三次反"围剿"胜利之时，黄公略在率部转移途中，于江西吉安东固六渡坳遭敌机轰炸身负重伤而牺牲。

钱壮飞设计的黄公略纪念设施，是一个简洁

古朴的仿古代亭。纪念亭称公略亭，呈三角形，用一根粗大的圆木支撑起亭顶，底座用长条红石垫基，亭顶铺青瓦，四周装饰木栏杆。亭内青砖铺地，亭中立一块三角棱锥体的石碑，上刻《黄公略同志传略》。三角形造型，寓意为黄公略是红3军军长，是在第三次反"围剿"作战中英勇牺牲的。

赵博生原为国民党军第26路军参谋长，1931年12月他和董振堂、季振同等率部在江西宁都起义，部队改编为红一方面军第五军团，赵博生任红五军团参谋长兼第14军军长、红五军团副总指挥兼第13军军长等职。1933年1月8日，在中央苏区第四次反"围剿"作战中于江西南城黄狮渡指挥作战时牺牲。

钱壮飞将赵博生烈士纪念设施设计成四方形的青砖堡，表明烈士是在第四次反"围剿"作战中英勇牺牲的，英名将永留青史。堡的前后两面均开门一扇，但不装门扉。堡的正门首镶嵌一块长方形石碑，后来请朱德题写"博生堡"3字。堡为两层，楼梁楼板均为木质，楼板上铺设青砖，再抹上水泥砂浆。堡为平顶，从地面可沿阶梯登上堡顶。

顶堡左墙镶嵌有《纪念赵博生同志》石碑。

一张张饱含革命激情与建筑艺术天赋的设计图纸陆续完稿，本来就有些消瘦的钱壮飞，更显得清瘦了。这还只是第一步，设计蓝图还需要建筑工人一步步去实现。

中央苏区六大建筑于 1933 年 8 月 1 日建军纪念日破土动工。钱壮飞放心不下，他整天往各个工地里跑。看着自己设计的"孩子"一点一点长大，他的脸上不时露出满意的笑容。

毛泽东、张闻天等政府领导也经常莅临建筑工地指导。有一天晚上，毛泽东、张闻天来到临时中央政府大礼堂建筑现场，看见施工现场灯火通明，大家干得热火朝天，很是高兴。承担这项工程的是从江西、福建抽调来的 400 多名建筑工人。工人们表示："这是我们自己选出的代表集会之处，我们一定格外努力做好！"毛泽东、张闻天听后连连称赞。

经过 3 个多月的连续奋战，临时中央政府大礼堂顺利竣工。此后，其他几项建筑也陆续竣工。

1934 年 1 月 22 日，第二次苏维埃代表大会在新落成的大礼堂隆重召开，这是苏区人民政治生活中的一件大事。

693名正式代表、83名候补代表和1500名旁听代表出席。毛泽东致大会开幕词，并作工作报告。大会通过修改后的宪法大纲，苏维埃建设、红军建设、经济建设等决议案和关于国旗、国徽、军旗等的决定，选举毛泽东、周恩来、朱德、刘少奇等175名中央执行委员和邓子恢等36名候补中央执行委员。2月3日，中央执行委员会举行第一次会议，毛泽东继续当选为中央执行委员会主席。

2月，还是在这个大礼堂，召开了中国工农红军第一次全国政治工作会议。这次会议第一次提出"政治工作是红军生命线"的著名论断。

2月2日上午8时，中华苏维埃临时中央政府在红军广场红军烈士纪念塔举行隆重的揭幕典礼。红军烈士纪念亭、红军检阅台、公略亭、博生堡也同时揭幕。

中革军委主席朱德走上红军烈士纪念塔塔座，简要回顾了从八一南昌起义、井冈山斗争以来红军英勇奋斗经过和著名红军烈士牺牲的情形。最后，朱德号召大家要继承先烈遗志，踏着先烈血迹前进，彻底粉碎国民党的第五次"围剿"。

钱壮飞看着自己设计的建筑蓝图，一个个变为现实，并在苏区建设中发挥出重要作用，感到由衷的喜悦。他在朱德讲话之后，简要作了设计经过的报告。

红色戏剧家

钱壮飞艺术细胞丰富，才华横溢，不仅为中央苏区留下了凝固的红色音乐，而且他还是一位戏剧明星，在苏区可谓大名鼎鼎，与胡底、李伯钊等为苏区文艺工作的发展和提高作出了开创性的贡献。

早年钱壮飞与胡底等一起开电影公司，一起演戏，那是为了谋生，现在在苏区他创作剧目、登台演出既是业务爱好，更多的是为了进行革命宣传，活跃苏区军民的业余文化生活。

1931 年 11 月，为庆祝中华苏维埃第一次全国代表大会召开和临时中央政府成立，"一苏大会"筹备委员会抽调李伯钊、钱壮飞、胡底等中央苏区文化界的几个活跃分子负责筹办大会的文艺活动。

李伯钊、钱壮飞、胡底都是点子多的人，他们组织了 12 个村的"万人灯会"。灯会上举行了各种灯彩、歌舞和活报剧大汇演、大展览、大观摩、大交流。11 月 7—20 日，文艺活动持续 14 天，规模宏大，形式多样，多姿多彩。其中有两台大型话剧引起轰动。

一台话剧是《最后的晚餐》。这是经过集体讨论，由钱壮飞执笔完成的话剧。这部戏是根据达·芬奇名画《最后的晚餐》构思而成，讲述的是一个青年画家立志要画一幅名画《最后的晚餐》，画上各色各样的人共进晚餐，其中有世界上最健美的人和世界上最丑陋的人，以此表示人类的美与丑。通过画家笔下美与丑的对比，反映兵荒马乱、民不聊生的旧社会把一个世界上最健美的人变成了一个最丑陋的囚犯，揭露了军阀混战毁灭良善，给人民造成无比深重灾难的现实。

钱壮飞不仅是这出戏的编剧，还在剧中饰演法官的角色。

另一台话剧《黑人吁天录》，由李伯钊改编，是李伯钊根据在苏联留学时看过的一出戏改编的，与改编自美国斯托夫人小说《汤姆叔叔的小屋》的中国第一部现代话剧《黑人吁天录》同名不同剧。后来这部话剧改名为《黑奴》。钱壮飞饰演侯爵，胡底饰演黑奴，李克农饰演奴隶主，临时中央政府内务部代部长、临时最高法庭主席何叔衡也客串演出，他扮演的是农奴主的角色。

中华苏维埃共和国临时中央政府成立后，苏区的戏剧运动推进到一个新的阶段。以红军学校俱乐部为基础成立了八一剧团。这个剧团组建时，就瞄准了钱壮飞，邀请他参与演出。钱壮飞也是个热心人，只要能抽出时间，他一定不会推辞。后来，中央苏区又成立了专门培养戏剧人才的高尔基戏剧学校和蓝衫团校，李伯钊任校长和团长，沙可夫和钱壮飞、胡底等戏剧活跃分子担任兼职教员。1933年9月，在中央领导人的重视和指示下，以八一剧团为基础，成立隶属中央教育部的工农剧社。

1931年12月，参与"围剿"中央苏区的国民党军第26军1.7万人，在赵博生、董振堂、季振同等率领下，在江西宁都宣布起义。宁都起义部队加入红军，改编为中国工农红军第五军团。

这些起义官兵大多是北方人，吃不惯江西的红米饭，许多人经常拉肚子，思乡情绪浓厚，导致情绪低落、士气下降。

毛泽东听到这个情况，要求加强对他们的思想工作和宣传工作，点名要李伯钊、钱壮飞、胡底等组织一个宣传队，到起义部队去进行宣传，唱唱歌、演演戏，启发他们的觉悟，鼓舞士气。

他们愉快地接受了毛主席交给的任务。可如何完成好主席交给的任务，他们一时拿不定主意。是拿现成的戏去演？当然可以，但好像针对性不够强。创作新戏？从哪个方向去进入呢？还得去找毛主席。

一天，刚吃过早饭，钱壮飞、胡底就来到《红色中华》编辑部找李伯钊。

"宣传队已经组织起来了，很快就准备出发去红五军团驻地壬田。咱们得去见一下毛主席，让他给我们作作指示。"

说走就走。李伯钊跟着钱壮飞、胡底到了毛泽东的住处。毛泽东正在埋头写东西，当他们走到跟前时才看到他们。

毛泽东把笔放下，指了指一条长板凳："你们坐吧。"

3个人落座后，胡底先开口："主席，去五军团做宣传鼓动工作的宣传队已经组织起来了，一共17个人。我们3个人作为代表来请示主席还有什么指示。"

毛泽东问："怎样么？你们这次去准备带什么大戏呀？"

钱壮飞回答说："主席，我们商量了一下，想创作一部新戏，可是还没有考虑成熟。"

"就是想听听主席您的高见。"李伯钊补充道。

毛泽东沉思片刻，说："这次我让你们去，目的就是要稳定他们的政治情绪。他们过去是为军阀打仗，现在是要为苏维埃而奋斗。过去当白军，现在是当红军，要想尽办法向他们宣传过去是为谁牺牲，为谁送命。唱歌也好，演戏也罢，都不要离开这个题目。"

钱壮飞边听边思考。毛泽东话一讲完，他就有了主意："主席，您的话给了我灵感，我们可以编一部新戏，名字就叫《为谁牺牲》。"

"好啊，就叫《为谁牺牲》！"毛泽东鼓励道。

很快，李伯钊、钱壮飞、胡底就完成了《为谁牺牲》的剧本创作。故事大意是这样的：一个菜农在街上卖菜时被国民党抢抓了壮丁。他在白军中受尽欺侮，他的妻子也流落各地，靠卖唱为生。蒋介石下令白军部队开到江西"围剿"红军，这个白军士兵被红军俘虏了。红军发给白军士兵回家的路费，让他回去找亲人。夫妻二人在街头巧遇，各诉别后苦情，赞叹天底下还有红军这样好的军队。两人正准备到一座破庙安身，突然来了一群饿狼般的兵油子，丈夫又一次被抓了壮丁，妻子一路乞讨到瑞金找红军。那个白军士兵在作战中第二次被俘虏，这回他死活也不要遣散费了，坚决要求当红军，终于走上了光明之路。后来，他的妻子在人们的帮助下，与已经是红军战士的丈夫在红都瑞金相会，有了一个圆满的结局。

剧本完成后，宣传队就展开紧张的排练工作。这出戏，李伯钊、钱壮飞、胡底3人可以说是自编自导自演，主演是李伯钊，胡底演当兵的，钱壮飞演蒋介石。

钱壮飞扮演蒋介石，那是毫无争议的。李伯钊说："你钱壮飞和蒋介石一样都是浙江人，还长得有几分像。"

"像吗？"钱壮飞反问道。

胡底："当然像了。你忘了，当年在南京，有一次去总统府，卫兵以为你是蒋中正，还给你立正敬礼呢！"

"这倒是真的。"钱壮飞没有否认。

他们都是演戏的高手，很快带着这部新戏，来到宁都起义部队驻地瑞金壬田镇。

大草坪上搭起个土台，这就是他们演出的舞台。

晚上，演出正式开始。几个松枝火把把舞台照得通亮。红五军团官兵分区就地而坐观演。

幕布拉开，没有一点声响。平时演出，这时

就会有许多人鼓掌，但这次却没有动静。

钱壮飞他们没有想太多，只是按着剧本演下去。

剧终了，仍然不见观众有反应。

演砸了？不应该呀？他们3位可是久经阵战的，要是演砸了，早就应该自知呀。

大幕已经拉上好一会儿了。突然，响起了掌声，接着就听到台下有人痛哭，再接着就是震耳欲聋的口号声："打倒蒋介石！""我们要当红军！""跟着共产党走！"

演出取得前所未有的成功！

还有一个成功，就是扮演蒋介石的钱壮飞，没有一个人说不像的。此后，只要有蒋介石的戏，一般都由钱壮飞来扮演。

当然，由白军变成红军，不是人人都有这个思想准备的，加上不适应南方的生活，思想要完全转变，不是仅靠一出戏两出戏就能实现的，还需要做艰苦的思想工作。

毛泽东专门写信给演出队的同志们，让他们在那里多停留些日子，给起义官兵多演戏，多做暖心工作。这样，钱壮飞他们留了下来，与起义官兵一起生活了近一个月。

后来，根据中央的指示，起义部队中的许多师、团级军官又被集中到叶坪。在叶坪，钱壮飞他们又为这些军官演出了话剧《黑奴》。虽然这出戏反映的是奴隶主怎么压迫黑奴的故事，表面上不关中国的事，不关国民党蒋介石的事，也不关红五军团的事，但人心是相通的，外国真实的东西同样能够触动这些起义军官的心扉，许多军官看了后都流了泪。

1934年1月，第二次全国苏维埃代表大会召开期间，工农剧社和蓝衫剧团举行了七八天的晚会，工农剧社公演了由沙可夫创作的大型话剧《我——红军》。这个戏的背景，是发生不久的真实历史，即1933年二三月间的第四次反"围剿"作战。中央红军在此次反"围剿"作战中歼敌近3个师，活捉了国民党军第52师师长李明、第59师师长陈时骥，又一次粉碎了国民党军的大规模"围剿"。该剧描写了在第四次反"围剿"作战中，红军发起猛烈进攻，地方赤卫队积极配合，引起国民党军士兵哗变，取得最后胜利的故事。

《我——红军》由李克农、李伯钊导演，钱壮飞与李克农、胡底、李伯钊都参加了演出。钱壮飞在剧中饰演敌军师长，李克农饰演土豪，胡底饰演靖卫团团总，李伯钊饰演小妹。有这几个大腕担纲，这出戏极为成功，可以说场场爆满，观众赞不绝口，成为中央苏区的保留节目之一。《红色中华》报评论说："大型话剧《我——红军》演出成功，无疑开辟了苏区文化教育的新纪录，可以说这是苏区文化与工农大众艺术的开端。"

钱壮飞与胡底一起讨论并由胡底执笔创作了一部滑稽戏，戏名叫《红色间谍》。这部戏反映的是国民党间谍打入红军内部刺探军情，红军也挑选人员化装潜入敌营，开展隐蔽战线斗争的故事。后来《红色间谍》改名为《松鼠》，寓意红军侦察员灵活如松鼠。这部剧把一个严肃题材以喜剧形式表现出来，全剧轻松自然，跌宕起伏，特别是由钱壮飞、李克农、胡底这些长期战斗在敌人内部的隐蔽战线英雄亲自来演，将他们真实的战斗故事及战斗经验融入戏中，观众们看后都大呼过瘾。

钱壮飞还与胡底、李克农创作演出了独幕话剧《秘书长万岁》。该剧本由李克农、钱壮飞创作。李克农扮演国民党秘书长陈立夫，钱壮飞扮演他经常演的角色蒋介石。由于剧本写得好，加上他们的表演惟妙惟肖，演出轰动了瑞金的红军剧场。

钱壮飞是个好战士，也是一位好演员。他的演艺才能被他的子女继承并发扬光大。她的二女儿钱蓁蓁（后改名黎莉莉），从小喜欢歌舞，跟很有名气的琴家戏班学过京剧。她在上海明月歌舞团与王人美等齐名，被称为"四大天王"，参演过《火山情血》《天明》《小玩意》《狼山喋血记》《塞上风云》等影片，主演过《体育皇后》《大路》《如此繁华》《孤岛天堂》等，是电影界一颗闪耀的明星。新中国成立后，黎莉莉又出演过《智取华山》等影片，担任过北京电影学院教授。大儿子钱江，自幼喜爱艺术，早年在他姐姐拍摄《孤岛天堂》时任摄影助理。作为摄影师拍摄过《中华儿女》《白毛女》，新中国第一部彩色故事片《祝福》，以及《林家铺子》《革命家庭》《江湖赤卫队》《海霞》等影片，导演过《报童》《金陵之夜》等影片。

钱壮飞不仅戏演得好，他的漫画作品水平也挺高。早在北京和上海时，他有空就爱画画，除了用正常的画笔作画，有时还用外科夹剪夹着药棉来作画，别有一番韵味。

过去，他作画基本是个人爱好；在苏区，他创作各种漫画就是一种战斗。他既为中革军委机关报《红星报》画漫画，也为军委二局的列宁室（俱乐部）主办的墙报画漫画。

在钱壮飞创作的诸多作品中有这样一幅漫画：一个战士一只脚踩着一条狗的腰，双手揪住狗的尾巴，另一个战士两手持棍奋力击打狗头。钱壮飞用这样的画面，生动形象地说明红军守备部队与进攻部队所担负的任务虽有不同，但同样重要，大家目的是共同的，就是要歼灭前来"围剿"的国民党军。

第五次反"围剿"时，由于国民党军的重兵封锁，苏区军民的生活极为困难，食盐缺乏，粮食不够吃。有的人自己想了些办法，就悄悄养起了鸡。那时，公家也养鸡，供给集体，可以改善一下生活。善于观察的钱壮飞发现了一个怪现象，就是个人养的鸡大都要比公家养得好。为什么？因为是自己的鸡，主人会省出一口饭给鸡吃。

好家伙，原来个人的鸡开了"小灶"！钱壮飞看不下去了，拿起笔和纸。

一张讽刺漫画诞生了：只见画面上有两只鸡，大鸡在那里哭鼻子，小鸡高兴得飞起来，手舞足蹈。上面还有两句话："只见小鸡笑，哪见大鸡哭。"

很明显，公家的是大鸡，吃不饱饭，个人的是小鸡，却有吃有喝，被照料得很好。这幅漫画幽默形象地讽刺了只顾个人利益而不顾集体利益的个别人。

钱壮飞把这幅画交给俱乐部，贴在了墙报上。

偷偷养鸡的人看到钱壮飞画的这幅画，也觉得生动形象，想想自己如果真有多余的口粮就喂公家的鸡好了。

人们普遍反映，钱壮飞教育和启发人的这种方式不会伤人，却能给人以思考，让人容易接受，效果也好。

05

永远的长征

长征的情报保障

1934年10月中旬，中共中央、中革军委率领中央红军主力8.6万余人离开中央苏区，踏上漫漫长征之路。

中共中央和中革军委机关统一编为野战纵队。中革军委和总司令部、总政治部及其直属部队编为第一野战纵队，称"军委第一纵队"；中共中央机关、中华苏维埃中央政府机关、后勤部队、卫生部门、总工会、青年团等编为第二野战纵队，称"军委第二纵队"（亦有称"中央纵队"）。12月中旬，军委第一、第二纵队合并为军委纵队。

第一野战纵队下辖4个梯队，叶剑英任纵队

司令员。钱壮飞所在的军委二局与一局及无线电营、有线电大队等保障分队组成第一梯队，军委一局局长彭雪枫任梯队长。

钱壮飞随军委纵队转战江西、湖南、广西、贵州等省，一路从事侦察情报工作。

长征途中，为随时掌握敌情，保障联络畅通，军委二局人员又分为两个分队交替行进。第一分队行军时，第二分队在原地坚持工作；第一分队到达目的地即架机工作后，第二分队才开始行军，到达下一个宿营地后再架机工作。如此轮流值班，保证一天 24 小时工作不间断。

在局长曾希圣、副局长钱壮飞领导下，军委二局始终保持了各级通信联络的畅通，而且及时准确地向军委领导提供了最新敌情。

中央红军在突破国民党军设置的第三道封锁线时，蒋介石判断红军可能西进与湘西的红军第二、第六军团会合，于是任命国民党湖南省政府主席何键为"进剿军总司令"，专事"追剿"红军。

11 月 13 日，何键向部队发出密电，分兵 5 路"追剿"红军。何键的这一密电被军委二局侦听，并破译了全部内容。中革军委立即改变部署，红军主力改向东北方向突围，进入广西东北部，直逼国民党军在湘江设防的第四道封锁线。这一改变，打乱了国民党军的部署，导致广西兴安、全州一线国民党军防守兵力薄弱。红军抓住这一有利战机，抢渡湘江，突破湘江第四道封锁线。由于部队仍然带着"坛坛罐罐"，不能轻装前进，行动不够迅速，未能达到迅速突破湘江的企图，陷入一场苦战。

中央红军渡过湘江后，蒋介石为阻止红军北出湘西与红二、红六军团会合，连忙调整部署，调兵遣将，在湘西布下了一个大口袋，等待红军去钻，企图围歼红军于北进湘西的途中。蒋介石的最新部署陆续为军委二局侦获。

毛泽东力主放弃原定与红二、红六军团会合的计划，改向敌人兵力薄弱的贵州前进，争取主动。但博古、李德坚持北出湘西，执行原定计划。12月18日，中共中央政治局在贵州黎平召开会议。毛泽东根据蒋介石已经在湘西布下重兵，并正向黔东北集结的严重情况，坚决主张放弃北上与红

二、红六军团会合的计划，建议红军继续西进，在川黔边建立新苏区。经过激烈争论，最后接受了毛泽东的建议，使中央红军避免了可能覆灭的危险。

1935年1月，红军强渡乌江，占领贵州北部的重镇遵义。中共中央在这里召开了中央政治局扩大会议。

会议期间，钱壮飞与军委二局的同志精心做好这次重要会议的安全保卫和情报工作。遵义会议召开的那几天，钱壮飞几乎没有睡过一个安稳觉。遵义会议结束后，钱壮飞被任命为红军总政治部副秘书长（未到职）。

遵义会议后，中央红军准备移师北上。蒋介石又调集数十万兵力扑向遵义地区，企图将红军一举围歼。

钱壮飞和军委二局人员严密监控国民党军的动向，源源不断地向党中央提供情报。据不完全统计，1月29日至3月21日，军委二局共收发密码电报280余份，有效地保障了军委的作战指挥。

毛泽东根据战场敌情我情的变化，指挥红军四渡赤水，穿插于国民党重兵之间，把围追堵截的国民党军搞得晕头转向，狼狈不堪。

叶剑英后来回忆说："毛主席指挥英明，机动灵活，多谋善断，把蒋介石的军队调来调去，就像放在手中玩那样。四渡赤水河，在龙里、贵定中间不过 60 华里的地方，进进出出，来回穿插，局外人看来非常神奇，但我们十分清楚，很重要的一条，是靠二局军事情报的准确及时。如果没有绝对准确的情报，就不容易下这个决心。"

毛泽东高度评价二局的工作："长征有了二局，我们就好像打着灯笼走夜路"，"没有二局，长征是很难想象的。"

据红军无线电总队的一位报务员回忆，长征途中，大家行军打仗非常辛苦和疲劳。钱壮飞只要一有空闲就会和大家谈天说地，他真是上知天文下知地理，脑袋里装着一箩筐的知识。

这位报务员说："什么北斗七星，什么金星、木星、水星、火星，什么太阳系、银河系，都是钱壮飞告诉我们的。"

大家在与钱壮飞的闲谈中，忘记了疲劳，增长了知识。

中央红军第四次渡过赤水河之后，蒋介石惊慌失措，以为红军又要进攻遵义，连忙调整部署，企图在遵义地区将中央红军一网打尽。他还亲自从重庆飞到贵阳督战。

根据敌情的变化，中革军委决定，中央红军迅速突破敌人的合围，越过遵义、仁怀大道，向南发展。

3月27日，中央红军以红九军团伪装主力，向长干山、枫香坝佯攻，以吸引国民党军北上，主力则乘机继续向南急进。第二天，红军主力由鸭溪、白腊坎之间突破国民党军封锁线，冒着狂风暴雨，进至乌江北岸的沙土、安底地区。

乌江北岸的大山高约1500米，江面虽然不宽，但水流湍急，江水滚滚东去。红军部队在靠近江边的山背后隐蔽和进行渡江准备，侦察员潜入乌江两岸，侦察国民党军在江边布防的情况。那几天，阴雨连绵，乌云密布，国民党空军的侦察机和轰炸机效能大减，没能发现红军主力的动向，没有给中央红军造成重大的威胁。

31日，中央红军占领江口、大塘、梯子岩等处渡口，歼灭守敌和援敌各 1 个营，进至息烽西北地区，巧妙地跳出了国民党军重兵的合击圈，把敌人重兵甩在乌江以北地区，蒋介石苦心设计的包围圈彻底宣告破产。

钱壮飞所在的军委纵队于 31 日从后山出发，至金沙县梯子岩过浮桥，前进至流场宿营。但在此次行军途中，突然几架敌机飞临上空侦察并投下炸弹，导致百余名红军战士遇难，其余的红军便分散躲避了。

钱壮飞的战友们为红军第四次成功渡过赤水河，冲出国民党军的包围圈而欢呼。

魂断乌江

四渡赤水出奇兵，毛泽东和红军把国民党军折腾得团团转，从被动中争取到了主动权，创造了战争史上的奇观。

军委二局的同志们为这一胜利而欢欣雀跃。

突然，他们发现少了点什么？不好，副局长钱壮飞掉队失踪了！

"立即返回，沿途仔细寻找！一定要把钱壮飞找到！"军委纵队首长下了命令，中革军委首长下了命令，中共中央领导人周恩来下了命令。

可是，钱壮飞，这位为党建立奇勋的无名英雄，却在一夜之间永远地消失了，消失在漫漫长征路上！消失在奔腾流淌的乌江之畔！

英雄离世，犹如他建功的隐蔽战线一样，注定不一般，充满神秘色彩，像谜、像密码，需要进一步破译。

根据后来调查得到的相关情况推测，让我们再现两个当年的情景：

情景一：钱壮飞在突遇敌机轰炸、躲避过程中与大部队失去联系，只身寻找过江渡口。沙土区乌江边住着一户人家。其实，那户人家是土匪。

钱壮飞敲开门，和蔼地问道："老乡，你知道这附近有可以过江的渡口吗？"

一位男子见钱壮飞背着皮包，腰间别着手枪，顿生歹意。"离这不远的梯子岩就有渡口，我可以给你带路。"

"那谢谢啦!"

土匪将钱壮飞引至梯子岩附近,佯装指路。钱壮飞正集中注意力观察路线时,那个土匪猛地将他推下山岩,并滚下大石头,将他砸死。

土匪阴谋得逞,抢走了钱壮飞的皮包和手枪。

当地老百姓发现惨死在山岩下的一名红军,就把他掩埋了。

情景二:3月31日,红军南渡乌江进入息烽县的流长、鹿窝、九庄一带,遭到国民党军飞机的轰炸,有百余名红军遇难。钱壮飞在这次敌机轰炸中失踪。掉队的钱壮飞自称叫"夏树云",流落到流长乡的客户寨、宋家寨一带。只见他身背包袱,手持雨伞,走路摇摇晃晃,脸色很难看,好像得了重病。

傍晚时分,病中的夏树云遇到几个人,便向他们打听红军部队的去向。不幸的是,那一伙人是国民党反共"清乡委员"、区长宋子桢及其爪牙。他们谎称愿意带路去追赶红军部队。行至宋家寨右侧一个山脊时,他们穷凶极恶地将夏树云推到一个叫"没良坑"的山坑，用大石头将他杀害，并掠走他随身携带的物品，烧毁书籍和印章。

不论历史的真相究竟如何，钱壮飞终究没能看到自己为之奋斗牺牲的革命事业取得成功的一天；没能回到学习、生活、战斗过的北京，见证开国大典的盛况，感受人们的胜利喜悦。天安门广场高高飘扬的五星红旗，有他的理想，他的奋斗，也有他的鲜血。

06 尾 声

　　1945年4月，中共第七次全国代表大会召开前夕，中共中央组织部和中央军委总政治部把钱壮飞的名字列入《死难烈士英名录》。

　　1946年春，周恩来和邓颖超在重庆曾家岩请钱壮飞夫人张振华等人吃饭时，把钱壮飞已经牺牲在长征路上的消息告诉了她。周恩来说："钱壮飞同志，在长征中过乌江时光荣牺牲。他的牺牲是为党、为革命，党和人民是不会忘记他的。"

　　张振华听到这个消息后悲痛地大哭。周恩来安慰她说："你不要太难过了，你还有伤，要做些力所能及的工作。你已经把子女都教育成人，为革命工作了。还应该把孙子也培养起来，革命要一代接一代地传下去。"张振华看着怀里的孙子，点了点头。

　　钱壮飞的确已经牺牲，可是，他具体牺牲在

何时何地？是在国民党军空袭中牺牲，还是只身掉队后被当地土匪反动武装杀害，始终没有定论。

1951年8月16日，中国人民革命军事委员会直属队政治部向钱壮飞亲属颁发《革命军人牺牲证明书》。该证明书填写的牺牲地点是"贵州息烽县沙土附近"，安葬地点为"不明"。

1984年5月9日，中国人民解放军总参谋部某部专门邀请有关老红军，就钱壮飞烈士牺牲的时间、地点问题召开专题座谈会，但问题仍然没有解决。

党史工作者一直没有停止追寻的脚步。

1986年1月，中共贵州省金沙县委党史办公室、沙土区委党史资料征集小组组成的联合调查组，在实地认真调查和考证的基础上，提交了《关于钱壮飞牺牲的情况调查》报告。该调查报告提出：1935年4月1日，红军各路部队胜利南渡乌江后，还有一位高个子、长脸型、外省口音的红军，因掉队尚未过江。在行至红军渡口附近的后山乡堰田岩（距梯子岩渡口约1公里）时，被当地土顽分子杀害。该联合调查组通过访问见过这位红军的村民，进行综合论证，认为牺牲于堰田岩的这位红军，应该就是钱壮飞。

从 2000 年 3 月起，中共贵州省委党史研究室和贵州省国家安全厅组成联合调查组，多次到息烽、金沙县进行实地调研，并查阅了两地征集的有关史料，特别是新中国成立初期对当事人、知情人的调查材料。2000 年 11 月，贵州省委党史研究室与省国家安全厅在遵义县乌江镇（今遵义市播州区）联合召开钱壮飞牺牲情况座谈会。与会有关领导和专家学者对钱壮飞烈士失踪原因、牺牲时间、牺牲地点等问题展开研讨，根据调研情况和掌握的材料，得出钱壮飞牺牲在乌江北岸后山乡可能性更大的倾向性意见。2001 年 8 月，贵州省委党史研究室和贵州省国家安全厅就钱壮飞牺牲地点问题分别向中共贵州省委、中央和国家有关部门请示报告。中央党史研究室和国家安全部研究后回复：同意贵州方面意见，即在发现新的确定的根据以前，将钱壮飞烈士牺牲地确定在贵州省金沙县后山乡，牺牲时间为 1935 年 4 月 1 日。

钱壮飞牺牲在长征路上、乌江之滨，虽有组

织上的基本结论，但他的离世仍有些不明不白，忠骨至今无处寻觅，不能不说是一件令人感到深深遗憾的事情。这样的大英雄，不应该以如此方式告别他的战友，离开他的事业，不应该"走"得这样无声无息，像一阵风一样。

钱壮飞的亲密战友胡底，也与他一样，没有走完长征之路。1935 年 8 月初，红一、红四方面军混编为左、右两路军北上。毛泽东、张闻天、周恩来等率中共中央机关和前敌指挥部随右路军行动，朱德、张国焘、刘伯承等率红军总司令部随左路军行动。任红军总司令部侦察科科长的胡底因反对张国焘搞分裂，骂他是"军阀""法西斯"，被张国焘安上了一个"日本天津驻屯军德田派来的侦探"的罪名逮捕。被捆绑着的胡底，继续走着长征路，"步子迈得很大，看上去一身凛然正气"。虽然有熟悉胡底的战友给他提供过保护，但最终张国焘还是没有放过他。胡底被秘密杀害了，没能走出茫茫草地。1945 年中共七大召开前编辑的《死难烈士英名录》也载入了胡底的名字，以这种方式为他平反昭雪。1981 年 11 月 27 日，中共中央调查部部长罗青长亲笔写信给国家民政部部长程子华，提出追认胡底为革命烈士。第二天，程子华看了该信后，挥笔批下了"同意胡底同志为烈士"几字。12月8日，国家民政部的一份文件发往安徽省民政厅，通知正式追认胡底为革命烈士。

"龙潭三杰"中只有李克农等到了中国革命胜利的那一天，见证了新中国的诞生和发展。他始终没有忘记曾经的峥嵘岁月，始终没有忘记一起战斗在虎穴龙潭的亲密战友。

1961年7月20日，因病离开工作岗位数年的副总参谋长李克农上将，提笔致函中央办公厅主任杨尚昆并中共中央书记处总书记邓小平，提出"拟将党中央特别委员会（特科）斗争历史，尽可能加以搜集，汇编成册，以利于中组部和军委参考，同时也可以使过去在斗争中的无名英雄死有所安，老有所归，幼有所寄，鳏寡孤独，各得其所"。他的这个报告得到中央批准。

随后，李克农及其工作小组展开工作。这年的8月28日，李克农一行离开北京，开始了上海实地走访、搜集史料之行。

在出发到上海之前，李克农的老部下胡备文等几人去探望他。在交谈中，李克农深情地回忆他与钱壮飞、胡底一起战斗的艰难岁月，感慨地说："我们3个人，一个是钱壮飞已经死掉了，一个是胡底被张国焘搞掉了，就剩下我一个人了。"

李克农接着说："胡底的遗物没有什么东西了，钱壮飞的遗物在我的手里只有两件东西。"说着，他拿出一张照片，是年轻英俊的钱壮飞坐在椅子上拍摄的。另一件是一本戏剧杂志，里面有钱壮飞的照片，还是彩色印刷的。李克农说："他还是我们党内有名的演员和戏剧家。你们看一看，只剩下这么两件东西了。"

钱壮飞一生战斗，没有留下什么遗物，但他在隐蔽战线上创造的惊天动地的英雄业绩将永载史册！他的英名与日月同辉，他的传奇故事将永远流传。

党和人民没有忘记钱壮飞，没有忘记他深入虎穴建立的丰功伟绩。

周恩来充满感情地说过这样一段话："要不是钱壮飞同志，我们这些人都会死在国民党反动派手里。钱壮飞同志在对敌斗争中立下的丰功伟绩，的确使我们的党少走了弯路，全党将永远纪念他。"

1962年2月9日，中共中央调查部部长、中国人民解放军副总参谋长李克农上将因病在北京逝世。根据周恩来总理的意见，在他的悼词中加上了一段话："大革命失败后，在严重的白色恐怖下，坚强勇敢地同敌人进行了斗争，同为革命而壮烈牺牲了的钱壮飞、胡底同志一起，对保卫党中央领导机关的安全作出了卓越的贡献。"

2002年4月1日，由贵州省委党史研究室、贵州省国家安全厅、毕节地委、行署主办，金沙县委、县人民政府承办，在金沙县召开钱壮飞烈士牺牲67周年座谈会。国家安全系统和贵州省委的领导、钱壮飞烈士亲属等到后山乡钱壮飞烈士墓前举行了祭奠仪式。此后，国家安全部门投资重新修建了钱壮飞烈士墓和钱壮飞烈士事迹陈列室。

2005年4月1日，中共贵州省委、省人民政府、国家安全部又在后山乡钱壮飞烈士牺牲地举办钱壮飞烈士牺牲70周年纪念活动，并将后山钱壮飞烈士墓地和事迹陈列室列为"贵州省爱国主义教育基地"和"国家安全教育基地"。

2009 年 9 月，钱壮飞被评为"100 位为新中国成立作出突出贡献的英雄模范人物"。

2015 年 4 月，钱壮飞纪念馆在浙江湖州市烈士陵园建成，供人们参观、祭奠。这是国家安全部批准的第一个也是唯一一个以个人姓名命名的纪念馆。2017 年 4 月 1 日，在钱壮飞烈士牺牲 82 周年纪念日，钱壮飞纪念馆"全国国家安全教育基地"揭牌，国家安全部和浙江省有关领导出席揭牌仪式。

"龙潭虎穴建奇功，黔山秀水祭忠魂。"每年后山镇学校少先队新队员的入队仪式，都要在钱壮飞烈士陵园举行。英雄的事迹一代代传颂，烈士的精神一代代继承。

钱壮飞的一生，是充满传奇的一生，战斗的一生！他对党和人民赤胆忠心，理想信念矢志不渝，周旋在豺狼之间，与狼共舞，敢于斗争善于斗争，无声无息听惊雷，于无形处建奇勋，为我们树立了光辉的榜样，为中华民族伟大复兴事业提供了不竭的动力。

后　记

　　像许多青春少年一样，自己年少时也有一个英雄梦，特别喜欢看、喜欢听战斗故事尤其是谍战故事。地下工作者隐藏身份，乔装打扮，深入虎穴，与敌人斗智斗勇，最终成功地将一份份重要情报送到上级手中，为作战胜利增加了重要砝码。谍战故事总是那样精彩，那样让人着迷，那样引人入胜。当接到撰写"中华先烈人物故事汇"丛书任务时，自己毫不犹豫地选择了钱壮飞这个著名的隐蔽战线英雄，渴望把英雄的精彩瞬间一一呈现给亲爱的小读者。

　　但真正静下心来搜集、整理相关史料和进入写作，我才发现自己选择了一项异常艰苦的工作。虽然社会上记述钱壮飞烈士生平和事迹的各种书籍和文章已有不少，但由于地下工作的隐秘性，许多机密事项都没有留下文字记录，主要依据是知情者的回忆史料，要再现一个真实、鲜活的钱壮飞，展现其传奇人生，展现其不朽功勋，需要做大量细致的考辨工作，在各种相互矛盾的材料中去分析、比较和考证，尽可能地还原历史。在本书写作过程中，得到军事科学院军队政治工作研究院领导和机关的大力支持，赵一平、李博、邓礼峰、张明金、康月田等专家学者进行了审读，提出了宝贵的意见。

主要参考书目：《钱壮飞》（中共湖州市委党史研究室编／中共党史出版社）、《钱壮飞》（褚当阳、刘爽编著／吉林文史出版社）、《中共隐蔽战线的卓越领导人李克农》（开诚著／中共党史出版社）、《中共党史人物传：精选本·隐蔽战线卷》（中国中共党史人物研究会编／中共党史出版社）。

在此，谨向关心和帮助本书写作的各位领导、专家学者，以及上述参考书目的作者和本书编辑，致以最诚挚的谢意！

图书在版编目（CIP）数据

钱壮飞 / 军事科学院解放军党史军史研究中心编著
. --北京：学习出版社，2020.9（2022.1重印）
（中华先烈人物故事汇）
ISBN 978-7-5147-1002-1

Ⅰ.①钱… Ⅱ.①军… Ⅲ.①钱壮飞（1896-1935）—
传记 Ⅳ.①K827=6

中国版本图书馆CIP数据核字（2020）第149848号

钱壮飞
QIAN ZHUANGFEI

军事科学院解放军党史军史研究中心

责任编辑：李 岩 朱仕娣 封面绘画：刘书移
技术编辑：刘 硕 内文插图：韩新维
美术编辑：杨 洪

出版发行：学习出版社
　　　　　北京市东城区崇外大街11号新成文化大厦B座11层
　　　　　（100062）
　　　　　010-66063020 010-66061634 010-66061646
网　　址：http://www.xuexiph.cn
经　　销：新华书店
印　　刷：固安县铭成印刷有限公司

开　　本：787毫米×1092毫米 1/32
印　　张：5.25
字　　数：74千字
版次印次：2020年9月第1版 2022年1月第4次印刷

书　　号：ISBN 978-7-5147-1002-1
定　　价：20.00元

如有印装错误请与本社联系调换，电话：010-67081356